BRINCADEIRAS PARA RELAXAR

GROUND
livros para uma nova consciência

MICHELINE NADEAU

BRINCADEIRAS PARA RELAXAR
atividades para crianças de 5 a 12 anos

Método *Rejoue*

Tradução: Alice Mesquita

EDITORA GROUND

© 2005, Les Éditions Quebecor

Título original: 40 jeux de relaxation pour les enfants de 5 à 12 ans

Revisão: Antonieta Canelas
Editoração eletrônica: Spress Bureau de Fotolito
Capa: Niky Venâncio

CIP-BRASIL. CATALOGAÇÃO-NA-FONTE
SINDICATO NACIONAL DOS EDITORES DE LIVROS, RJ

N129b

Nadeau, Micheline, 1963-
    Brincadeiras para relaxar : atividades para crianças de 5 a 12 anos : Método Rejoue Micheline Nadeau ; tradução Alice Mesquita. - São Paulo : Ground, 2009.
    il.

    Tradução de: 40 jeux de relaxation pour le enfants de 5 à 12 ans
    Apêndice: Uma sessão de relaxamento segundo o método de Jacobson
    Inclui bibliografia
    ISBN 978-85-7187-217-2

    1. Jogos. 2. Brincadeiras. 3. Relaxamento. I. Título.

09-2634.   CDD: 793
                            CDU: 793

03.06.09   08.06.09   013018

Direitos reservados
EDITORA GROUND LTDA.
Rua Lacedemônia, 87 – sobreloja / Jardim Brasil
04634-020 São Paulo / SP
Tel.: (011) 5031-1500 / Fax: 5031-3462
ground@ground.com.br
www.ground.com.br

BRINCAR DE VIVER

Existe um provérbio que diz: "Não paramos de brincar porque envelhecemos, envelhecemos porque paramos de brincar". Ainda que o fato de brincar não engane a morte, não será a atitude lúdica, própria das crianças, um fator importante de saúde e equilíbrio?

O método **Rejoue*** apresentado neste livro, é particularmente interessante neste sentido. Todos nós conhecemos bastante sobre brincadeiras mas, em geral, sabemos bem pouco sobre brincadeiras para relaxar. Curiosamente, relaxar ainda é visto como uma atividade um pouco fora do comum, praticada por pessoas especiais ou gravemente estressadas. Porém, e se ao contrário, fosse considerada uma atividade natural e acessível a todos, inclusive às crianças?

As pesquisas científicas relacionadas ao relaxamento demonstram que o corpo humano possui sua própria inteligência biológica. Apenas é preciso simplesmente compreendê-la. Hoje em dia, sabemos que a intenção de comunicar verbalmente já acarreta um aumento da tensão nos músculos dos maxilares solicitados pela palavra. Logo, não é de se espantar constatar que os desafios vividos em nossas relações familiares ou atividades profissionais provoquem tensões concretas nos músculos. O mesmo acontece com as crianças, que enfrentam os desafios próprios de sua idade. Portanto, é interessante ter acesso aos meios que proporcionam o relaxamento desta tensão.

Os professores são unânimes em afirmar que "as crianças se tornam mais calmas depois de uma atividade física e aprendem com mais facilidade". Isto é perfeitamente compreensível porque uma contração muscular provoca um relaxamento muscular bastante agradável. Todos os esportistas sabem disto.

***Rejoue**, nome do método desenvolvido pela autora, que se origina do verbo *rejouer*, cuja definição é recomeçar a jogar ou brincar depois de ter cessado de fazê-lo por algum tempo.(N.T.)

Os dois maiores teóricos do relaxamento, Jacobson e Schultz, deram nome aos dois métodos mais utilizados em todo o mundo. O método *Jacobson* ensina a relaxar começando por contrair os músculos para soltá-los em seguida. Estes exercícios, onde se alternam contração e relaxamento, provocam o apaziguamento do sistema nervoso e dos músculos solicitados por nossas atividades cotidianas. *Schultz*, por sua vez, utiliza imagens mentais que ajudam o relaxamento físico. Podemos imaginar, por exemplo, que uma onda do mar embala gradualmente nosso corpo dos pés à cabeça, deixando cada membro em estado de relaxamento e bem-estar.

O bom no método *Rejoue* é que os exercícios propostos respeitam os conhecimentos científicos sobre o relaxamento e nos convidam a vivenciá-los através de brincadeiras divertidas.

No entanto, os adultos que utilizarem este método devem compreender que um estado de relaxamento não se produz como um passe de mágica. Só é possível guiar alguém através de um terreno que já se conhece por experiência. Salientamos também que nenhum método pode fazer desaparecer os problemas de saúde física ou psicológica. É importante compreender os fatores que podem colocar crianças e adultos em situação de tensão.

Bem, chegou a hora de nos divertirmos experimentando o método *Rejoue*. Sabemos que para criar a vida é preciso um par homem-mulher. Observando a natureza podemos constatar que os pares existem por toda a parte: sol-lua, noite-dia, calor-frio, alto-baixo etc. A mesma coisa acontece no corpo humano: atividade-repouso, inspiração-expiração, tensão-relaxamento etc. É a vida que se constitui segundo o princípio de forças complementares.

Ao acompanhar as brincadeiras propostas por este método tenha em mente a imagem de um coração que bate. O coração se contrai para levar o sangue em direção aos pulmões onde será oxigenado, e relaxa para se encher novamente. Depois, o coração se contrai para enviar o sangue à corrente sanguínea para nutrir o corpo, e novamente relaxa para se abrir e receber o sangue que realiza seu trabalho de animador da vida ao longo de toda nossa existência. E se de repente o coração decidisse não mais relaxar? Ele teria um grave problema e nós também!

Observe o ritmo proposto pelas atividades deste livro: excitação-relaxamento, ser grande e tornar-se pequeno, tiritar de frio e derreter de calor, tocar as estrelas e deitar no chão. Praticar este ritmo é simplesmente um convite para brincar de viver.

Michel Pruneau
Conselheiro Pedagógico responsável pela
Escola de saúde holística Marie-Victorin

AGRADECIMENTOS

Quero agradecer primeiramente aos meus alunos que participaram das brincadeiras de relaxamento. Agradeço também a Lucie Nadeau e Micheline Lambert por as terem experimentado com seus alunos e a Nicole Vincent, por tê-las praticado com pessoas com mais de 50 anos, integrantes do movimento Vida Ativa. Agradeço particularmente a Michel Garant por todo o estímulo.

*Aprender a relaxar,
é como aprender a ler:
uma vez aprendido
não se esquece jamais.*

Micheline Nadeau
Educadora Física

*Brincar de relaxar,
aumenta o prazer
de ser criança,
de ser calmo,
de ser amado!*

Michel Garant
Poeta

INTRODUÇÃO

Todos nós sabemos que as crianças adoram brincar e se agitar. Mas também sabemos que em determinados momentos é preciso que se acalmem, descansem e relaxem... Utilizar uma brincadeira para conseguir um estado de tranquilidade – uma diversão para as crianças, é o que proponho neste livro, com o auxílio de 40 brincadeiras para relaxar, que fazem parte do método *Rejoue*.

Este método, que criei e experimentei com meus alunos, é simples e divertido. Para conduzir as crianças a um estado de descontração, basta utilizá-lo. Ele evita que as crianças passem de um estado de grande agitação, onde correm, saltam, riem e gritam, para uma calma imposta, ocasionando uma quebra repentina do ritmo anterior.

Utilizar estas brincadeiras permite ensinar às crianças, e sobretudo, fazê-las sentir os efeitos benéficos do relaxamento. A descontração não só amplia a tranquilidade como melhora o estado geral de saúde, aumenta o prazer de viver e diminui o estresse e a inquietação.

Ensinar as crianças a relaxar, desde a mais tenra idade, é proporcionar-lhes hábitos de vida sadios que nunca vão esquecer. Ao chegar à adolescência e à fase adulta, saberão usar o relaxamento para diminuir a tensão decorrente da agitação da vida e reagir calma e eficazmente em todas as situações.

O objetivo deste livro é, portanto, através de brincadeiras realmente adaptadas às crianças, tornar este método de relaxamento acessível ao maior número possível de profissionais com atuação na área infantil – como educadores de creches e maternais, professores primários, de educação física e dança, pais... monitores de esporte, escoteiros etc.

As brincadeiras descritas são de fácil execução e foram especificamente ilustradas. A apresentação de cada uma está dividida em três partes: **Planejamento**, **Descrição da brincadeira** e **Hora da brincadeira!** A segunda parte, onde a atividade é explicada às crianças, não será mais necessária depois que ela for praticada algumas vezes. Para as crianças maiores, as brincadeiras podem ser adaptadas de acordo com a faixa etária, com o ambiente e necessidades específicas. Cada atividade tem uma duração média de três a sete minutos.

Finalmente, faço a todos um convite ao relaxamento, pois para ensinar as crianças a relaxar, quem melhor do que pais e professores sem tensão?

Primeira Parte

ALGUMAS NOÇÕES TEÓRICAS

O relaxamento

Relaxar consiste em soltar os músculos, através de alguma técnica, e distender ao mesmo tempo o corpo e o espírito. O relaxamento propicia, de maneira geral, a redução da tensão e a retomada do equilíbrio, produzindo bem-estar.

Segundo a técnica utilizada, é possível relaxar algumas partes do corpo ou apenas grupos musculares, ou ainda o corpo inteiro. (Veremos adiante diversos métodos de relaxamento).

Quais são os resultados?

Se alguma vez você praticou exercícios de relaxamento ou desfrutou de um banho de sauna, sem dúvida já conhece os numerosos benefícios físicos, psicológicos e emocionais que eles proporcionam. Certamente terá experimentado a agradável sensação de relaxamento seguida de bem-estar e tranquilidade psicológica. O relaxamento é, de fato, uma ferramenta verdadeiramente eficaz para restabelecer ou manter um estado de equilíbrio harmonioso.

O mesmo vale para as crianças. O relaxamento serve para distender o organismo e diminuir o estresse muscular e mental, proporcionando melhor qualidade de atenção, maior participação e receptividade. O relaxamento também ajuda a aumentar a memória, a concentração e a autoconfiança, além de favorecer o aprendizado.

Foi comprovado que depois de uma atividade intelectual ou física mais ou menos intensa, o relaxamento faz com que a criança atinja um estado de calma e bem-estar que proporciona uma concentração harmoniosa mais favorável para começar a próxima atividade (aprender uma nova matéria, música, fazer uma refeição, voltar para casa etc.).

O relaxamento contribui igualmente para o desenvolvimento da lateralidade, o que proporciona ao aluno as referências espaciais (horizontal, vertical, direita, esquerda, acima, abaixo, atrás, adiante) indispensáveis à leitura e à escrita.

Esta prática canaliza as energias das crianças ajustando o seu nível de ativação e levando-as a um estado de bem-estar total que as favorece na vida em geral.

Estudos corroboram também que o relaxamento, além de incrementar a performance nos esportes, ajuda a vencer a timidez (proporciona, mesmo aos mais nervosos, a "cura" de tiques e outros sintomas ligados à ansiedade), a aprender com mais facilidade e a perseverar por mais tempo em todos os gêneros de atividades.

No livro *Psychomotricité, relaxation et surdité*, Marie-Hélène Herzog, psicometrista que desenvolveu trabalhos com crianças surdas, afirma que o relaxamento melhora o desenvolvimento da personalidade, a autoconfiança, a paciência e o equilíbrio. Segundo a autora, o relaxamento ajuda a suavizar a voz, enriquece a sensibilidade e proporciona melhor qualidade do sono. Permite também às crianças (e, certamente, aos adultos) tomarem consciência de si mesmas e de suas necessidades, melhora a circulação sanguínea, reduz a angústia e os estados de pânico e ajuda a combater a gagueira.

Ainda de acordo com Herzog, a descontração incentiva o prazer pelas atividades ligadas ao corpo em geral, como a dança, a mímica, a expressão corporal, o esporte e o desenho.

Outros profissionais, como Yvonne Berge, professora de dança e expressão corporal, acreditam que o relaxamento é mais benéfico para as crianças, uma vez que nelas a faculdade de concentração é menor e a necessidade de movimento é maior. A descontração também favoreceria o desenvolvimento da criatividade que "contribui para o equilíbrio da sociedade e para a qualidade de vida[1]".

Finalmente, o relaxamento ajuda a comer mais devagar e, para crianças com problemas de saúde, como as asmáticas, ajuda a prevenir as crises e intervém eficazmente durante sua manifestação.

---

1. Y. Berge, "Viver seu corpo: Por uma pedagogia do movimento" Ed. Martins Fontes.

Quem pode fazer uso destas brincadeiras?

Elaborei o método *Rejoue* visando crianças entre 5 e12 anos. As atividades estão adaptadas às suas necessidades específicas.

Entretanto, adolescentes e adultos, jovens e menos jovens, podem igualmente utilizá-las em diferentes situações como, após partidas de vôlei, caminhadas ou uma leitura concentrada. Também podem ser realizadas em colônias de férias e clubes de esporte.

Qual o tempo de duração das brincadeiras?

Cada atividade (incluindo a explicação das regras) tem uma duração média de três a sete minutos. O tempo varia segundo a personalidade e necessidade das crianças, ou as circunstâncias e disponibilidade de horário. Durante a mesma atividade, uma criança pode precisar de apenas 10 segundos para relaxar, enquanto que outra precisará de três minutos. É importante respeitar o temperamento e a experiência de cada uma. Cada criança deve dispor do tempo necessário para atingir o relaxamento.

À medida que se praticam estas brincadeiras com as crianças, o tempo para chegar ao estado de relaxamento tende a diminuir. Depois de algumas repetições, elas conseguem se descontrair em cada vez menos tempo enquanto que os efeitos do relaxamento se tornam gradualmente inscritos em seus corpos por mais tempo.

Com que frequência se devem praticar estas brincadeiras?

O ideal seria concedermos ao nosso corpo, na verdade a todo nosso ser, uma sessão de relaxamento de cerca de 20 minutos por dia. Para as crianças, é conveniente dividir esta sessão em períodos mais curtos.

Durante o dia podemos praticar de quatro a cinco brincadeiras para relaxar, de acordo com a idade das crianças e as outras atividades do programa diário. No início, é importante utilizá-las de forma rotineira para que o corpo se adapte e elas possam se familiarizar mais rapidamente. Por exemplo, o fato de incluir sempre cinco minutos de relaxamento sob forma de brincadeira depois de uma determinada atividade, faz com que a criança se descontraia cada vez mais facilmente, sabendo de antemão que fará um relaxamento ao final da atividade. Esta é uma maneira segura de iniciá-la no relaxamento.

Onde usar este método?

Em qualquer lugar! O ideal é utilizar uma superfície dura como o chão, onde os músculos encontram mais facilidade para se descontrair, abandonando as tensões. Sobre uma superfície macia, como a cama, a coluna vertebral fica mais propensa a assumir uma postura inadequada.

De fato, a regra é a seguinte: se a superfície for mais dura do que os nossos músculos, eles podem "ceder", relaxar, ou seja, se descontrair. Numa superfície macia, ao contrário, os músculos ficam mais duros e "mantêm as tensões". Um colchonete fino (como os de exercícios) não é considerado uma superfície macia e é uma boa opção para isolar a friagem do chão.

Também é possível realizar as brincadeiras em pé ou sentado numa cadeira. O importante é aprender a soltar os músculos. A vantagem destas posições é que elas permitem que a criança aprenda a relaxar em qualquer circunstância e possa repeti-las por si mesma onde quer que se encontre.

Para fazer estas brincadeiras de relaxamento com um grupo de cerca de trinta crianças, num ginásio ou jardim de infância, sala de dança ou ao ar livre, basta delimitar um espaço com a dimensão aproximada de uma quadra de vôlei (cerca de 18m x 9m) ou cancha de tênis (cerca de 13m x 6m) de acordo com a brincadeira escolhida. Cada criança deve dispor do espaço necessário para agir e gesticular confortavelmente, sem tocar seus vizinhos, e estar perto o suficiente para ouvir sem dificuldade as regras à medida que a atividade se desenrola.

Se duas ou três crianças saírem do espaço delimitado, seja tolerante. O importante é que possam relaxar sem atrapalhar os companheiros.

Quando utilizar estas brincadeiras?

Use o método tanto para acalmar como para se divertir.

Estas brincadeiras são úteis em todas as ocasiões. Trazem benefícios antes e depois de uma atividade física ou mental relativamente intensa e também podem ser incluídos dentro de outra atividade que vise restabelecer a calma ou aumentar a concentração.

Em educação física, geralmente fazemos uma brincadeira de relaxamento ao final de cada aula. No jardim de infância, pode-se fazê-lo antes da merenda ou de uma refeição. Na aula de balé, pode-se intercalá-la entre duas sessões de técnicas.

Em casa, os usos também são múltiplos. Podem ser realizadas antes das refeições, antes de deitar, quando os irmãos estão irrequietos, quando as crianças estão cansadas e agitadas – ou mesmo quando os pais estão estressados... Mamãe e papai podem usá-los para embalar o bebê, ao falar no telefone, enfim, sempre que houver necessidade de se acalmar...

Gradativamente, as próprias crianças vão pedir para brincar de relaxar! Depois de praticarem algumas vezes, sugiro que passem juntos alguns momentos e descubram em que outras ocasiões as crianças gostariam de relaxar desta maneira.

Recomendações para um bom resultado

Nas páginas seguintes você vai encontrar procedimentos e orientações para realizar as brincadeiras em situações variadas. Primeiramente, algumas técnicas empregadas comumente nos exercícios de relaxamento, depois orientações para ajudar a bem conduzir as sessões.

Algumas técnicas de relaxamento

São seis as técnicas fundamentais encontradas sob diversas formas nas brincadeiras do método *Rejoue*.

Contração-relaxamento – contrair um músculo ou, mais frequentemente um grupo de músculos, durante alguns segundos, para depois relaxar progressivamente a contração. A contração forte proporciona uma percepção maior do relaxamento do grupo muscular pretendido. Esta é a técnica empregada no método de Jacobson (ver apêndice ao final).

Oscilação – imitar o vaivém de um pêndulo ou de um balanço, executando um movimento de trás para adiante ou da direita para a esquerda. A parte do corpo que trabalha o relaxamento (por exemplo: o braço, a perna, a cabeça, a parte superior do corpo) deve estar solta, descontraída, oscilando.

Estiramento-relaxamento – estirar progressivamente uma parte do corpo, alongando-a o mais possível. Manter a posição durante alguns segundos e depois, relaxar lentamente a parte trabalhada. É importante ir soltando suavemente e cair deslizando, sem golpear. Em seguida, balançar levemente a parte trabalhada.

Flexionamento – deixar a gravidade agir sobre o corpo. Depois de manter erguida uma parte do corpo, deixá-la cair lentamente sob o próprio peso (sem golpear). Repousar durante alguns segundos e repetir o movimento duas ou três vezes.

Sacudir – agitar repetidamente uma ou várias partes do corpo de forma mais ou menos vigorosa.

Imobilização – adotar uma postura imóvel cessando todos os movimentos.

Orientação geral

Recomendações para facilitar as sessões de relaxamento.

- É preciso saber que as crianças aprendem especialmente através de exemplos. Portanto, é importante estar tranquilo e relaxado. Somente uma pessoa calma consegue acalmar as outras. Esta é a razão pela qual recomendo vivamente que você mesmo pratique antes algumas brincadeiras. Vai constatar, em pouco tempo, os benefícios do relaxamento cotidiano, além de conseguir explicar melhor as brincadeiras às crianças e compreender mais facilmente o que elas estão sentindo.

- Quando conduzir as atividades, fale com voz calma, respeitando alguns momentos de silêncio, para permitir que as crianças sintam o próprio corpo, seus músculos, o relaxamento.

- Quando começar a ensinar este método, utilize, de preferência, as brincadeiras onde a atenção é dirigida para o repouso e o silêncio.

- Pode acontecer que, durante a sessão, algumas crianças comecem a rir. Deixe que riam por alguns instantes, pois pode ser que parem por si mesmas. Caso contrário, lembre, de forma simples e tranquila, que esta brincadeira é feita em silêncio. Na maior parte das vezes as risadas cessam rapidamente, primeiro porque as crianças percebem o silêncio ao seu redor, e depois porque sentem que seus músculos se relaxam suavemente, o que é muito agradável. Se as risadas persistem e atrapalham, aconselho tirar a criança (ou as crianças) do grupo durante os três ou quatro minutos que ainda restam do exercício.

- Leve o tempo que for necessário para a sessão de relaxamento. Faça executarem os movimentos de forma bastante lenta para que cada criança sinta bem seu corpo e seus músculos. Não se deixe pressionar pelo tempo. Se for necessário, reduza a brincadeira cortando algumas repetições. Querer andar depressa, na realidade, acaba retardando a chegada ao relaxamento.

- Algumas crianças podem ter receio em fechar os olhos durante as brincadeiras de relaxamento, talvez porque se assustem ao ficar literalmente a sós com seu corpo, ou porque têm necessidade de contato com as outras. Não as force a fecharem os olhos, elas o farão por si mesmas quando se sentirem prontas e mais confiantes.

- Antes de começar uma brincadeira, deixe claro que as crianças que não quiserem brincar não são obrigadas a participar. Podem se sentar num banco em silêncio. O importante é que não atrapalhem as que querem fazê-lo. Acrescente que, se mudarem de ideia durante a brincadeira, é só se colocar ao lado dos outros e começar do ponto onde estiverem. Na verdade, podemos propor um relaxamento e uma descontração às crianças, mas não impor.

- Nunca force uma criança a fazer um movimento ou uma brincadeira. Quando ela se sentir pronta, certamente se reunirá ao grupo por sua própria vontade. Deixe que fique observando durante várias semanas, mesmo que continue se negando a participar. É possível que comece a praticar a brincadeira em seu quarto antes de conseguir fazê-lo em grupo.

- Na segunda ou terceira vez em que aplicar uma brincadeira de relaxamento poderá observar uma clara diferença no comportamento das crianças, tanto no que concerne à compreensão das regras como ao respeito das crianças entre si e ao relaxamento obtido.

- Repita algumas vezes a mesma brincadeira (inclusive durante vários dias consecutivos) para que cada criança se sinta à vontade e consiga executá-la bem, e para que se lembre dela nos momentos em que tiver necessidade. A repetição permitirá também à criança sentir-se segura, física e psicologicamente, durante o relaxamento.

- Cada sessão de relaxamento é uma sessão de bem-estar, para soltar as tensões. O adulto condutor avaliará quando é necessário praticar um pouco mais o relaxamento. Mas, sobretudo, atenção para não gritar ameaças do gênero "Se continuarem perturbando assim, vamos fazer relaxamento". Seria desastroso e as crianças perderiam o gosto de se acalmar e relaxar. Quando uma situação estressante acontecer, respire profundamente e comunique qual a brincadeira de relaxamento que escolheu para praticar. Neste caso, opte de preferência por uma brincadeira que já tenham experimentado.

- Lembre-se sempre de que as crianças adoram brincar.

- Nunca puna um grupo de crianças que se encontra mais agitado do que o normal. Pelo contrário, conceda tempo para que se acalmem fazendo uma brincadeira de relaxamento.

- Ouse! No início, o ensino destas brincadeiras é uma atividade a mais no horário e talvez isso demande um certo esforço, mas depois de pouco tempo se torna uma rotina. As próprias crianças acabam pedindo para fazê-las porque têm consciência do bem que lhes proporcionam.

- Se for necessário, não hesite em modificar alguns itens das brincadeiras se não se sentir à vontade com as explicações dadas e os termos utilizados, sobretudo se dessa forma a mensagem for mais bem recebida.

- Invente suas próprias brincadeiras.

- Convide as crianças a inventar também.

- Depois que as crianças conhecerem várias brincadeiras deixe que uma delas escolha a brincadeira do dia (ou do período). Permita que deem novos nomes às mesmas, se for mais fácil para lembrarem. As crianças adoram participar.

- As crianças de mais de dez anos podem ter um caderno de anotações e escrever suas sensações (calor, frio, comichão, peso, leveza, impressão sobre a duração do tempo) para compreender o que sentem como uma forma de se observar e conhecer melhor.

- Sempre que trabalhar com deficientes da audição ou da fala, é conveniente utilizar imagens ou figuras para representar as palavras-chaves das brincadeiras.

- Se utilizar estas brincadeiras com uma criança surda, use um olhar tranquilizador para ajudá-la a relaxar com mais facilidade.

- Nunca julgue a maneira de uma criança relaxar. Cada uma tem uma forma de se descontrair e aproveitar à sua maneira.

- Nas brincadeiras em que as crianças se movimentam muito, faça um sinal de reunião (bater palmas, no tambor, apitar) no momento em que estiverem chegando perto de si.

- A melhor maneira de levantar quando se está sentado no chão, é rolar lentamente para o lado e apoiar-se sobre uma das mãos e sobre os joelhos, mantendo sempre a cabeça pendida. Prosseguir desenrolando o corpo. Levantar a cabeça suavemente ao final do movimento.

- A melhor maneira de levantar quando se está deitado de costas, é rolar lentamente sobre um lado e apoiar-se nas mãos e depois sobre os joelhos, mantendo a cabeça sempre pendida. Por último, levantar a cabeça.

"A brincadeira é uma maneira garantida de encontrar o desconhecido e a novidade." (Bernèche, 1992-1993)

Recomendações para trabalhar com crianças agitadas

É possível durante as brincadeiras ter dúvidas de como lidar com as crianças agitadas ou que atrapalham o grupo. Deve-se intervir rapidamente? Tirar as crianças da sala? Ignorá-las? Faço a seguir, algumas recomendações para ajudar a administrar melhor esta situação.

- Saiba que é comum acontecer este tipo de situação no início das brincadeiras ou quando se ensina uma nova atividade. Diante de uma novidade, as crianças sentem necessidade de exprimir de formas diferentes o seu constrangimento ou a sua ansiedade: podem rir, fazer piadas ou se mexer sem parar. Algumas reagem assim por medo de serem julgadas ou ridicularizadas em relação a uma atividade de interiorização. Na maioria das vezes, depois de algumas sessões de relaxamento, as crianças se sentem mais à vontade e param de perturbar o grupo.

- Antes de começar a fazer as brincadeiras de relaxamento com as crianças, use algum tempo para tranquilizá-las. Explique que é importante relaxar e se acalmar depois de correr, saltar, se movimentar ou até mesmo estudar. Diga que vão se sentir muito bem para começar uma nova atividade (aulas, refeição, esporte, voltar para casa, um jogo etc). Esta é a razão pela qual é bom fazer as brincadeiras de relaxamento.

- Mencionar que, durante o relaxamento, cada um fica por sua conta. Tranquilizá-las uma vez mais, afirmando que podem se acomodar da maneira que quiserem ou acharem melhor, e que o companheiro ao lado não tem nada com isso.

- Dizer que não são obrigadas a fechar os olhos. Quando se sentirem à vontade, vão fazer isto naturalmente.

- Elogiar as crianças que estão se esforçando, como uma forma de encorajamento para que continuem a se descontrair.

- Ignorar as que se mexem ou fazem um pouco de barulho.

- Com calma, separar as que exageram. Pode ser que estejam angustiadas pensando na dificuldade da brincadeira. Com estas crianças é preciso ir um pouco mais longe do que uma simples sessão de relaxamento e buscar a origem da angústia. Nestes casos seria conveniente um relaxamento mais técnico, como a versão adaptada do método de *Jacobson* (ver exemplo no Apêndice).

- As crianças com desenvolvimento mais lento, com pouco equilíbrio (que caem com facilidade, se chocam com as outras etc.) ou ainda com problemas de coordenação ocular ou manual (dificuldade com pequenos objetos, tesouras etc.) são, na maioria das vezes, hiperativas, agressivas ou ansiosas por conta da imagem negativa que têm de si mesmas. Ao longo de diferentes brincadeiras observe-as caminhar, correr, saltar e subir em algum lugar... Examine seu equilíbrio. Se apresentarem dificuldade, dê-lhes uma atenção particular durante as brincadeiras, tranquilizando-as, elogiando-as e encorajando-as. Isto fará com que se sintam mais capazes e competentes. A autoestima aumentará quando se sentirem menos ansiosas e agressivas e isso as deixará mais alegres e felizes.

Respiração, um elemento essencial

A respiração é um fator importante em qualquer sessão de relaxamento. A expiração permite a saída do ar do corpo, com expulsão do gás carbônico. A inspiração permite a entrada do ar, com a absorção do oxigênio que nossas células tanto precisam. Uma boa respiração ajuda a controlar o estresse, o medo, a dor e até mesmo a violência. Também facilita a redução das tonteiras e dores de cabeça.

- Nas brincadeiras, comece pedindo às crianças que limpem os pulmões, esvaziando-os para deixar espaço para o ar fresco. Explicar que quando expiramos, o ar sai de nosso corpo e nosso abdome fica achatado ou para dentro.
- Em seguida, peça que inspirem profundamente. Explicar que quando inspiramos, o ar entra em nosso corpo e o abdome se dilata.
- Quando já estiverem relaxados, mencione que a respiração correta se faz por si mesma porque o corpo está descontraído.

- De maneira geral, durante as brincadeiras, deve-se expirar pela boca e inspirar pelo nariz, naturalmente, sem forçar.

- Lembrar às crianças, de vez em quando, que a respiração nos ajuda a acalmar nos momentos de tensão: para isto, fazemos uma inspiração profunda e soltamos o ar num grande suspiro. Pode-se também inspirar, bocejando, e deixar sair o ar, suspirando. Isso faz muito bem! Uma boa respiração deste tipo ajuda a relaxar, ficar mais alerta, mais calmo e mais lúcido.

Uma palavra sobre concentração

A concentração, assim como a respiração, é essencial para o bom resultado de uma sessão de relaxamento. Ela consiste em simplesmente fixar a atenção durante algum tempo sobre um objeto, um músculo ou grupo de músculos, ou ainda, sobre uma ideia.

A concentração consiste também em levar o seu olhar, seus pensamentos ou sensações até um objeto e mantê-los aí. Na verdade, é como reunir tudo num só lugar, por um período mais ou menos longo.

Ao longo destas brincadeiras de relaxamento, estimule as crianças a prestar atenção nos músculos de seu corpo e se concentrar neles.

Um último conselho: ria!

Estudos recentes têm demonstrado que o riso possui diversas virtudes preventivas e curativas. Ademais de facilitar melhor equilíbrio mental, relações mais harmoniosas e reduzir a tensão, o riso se constitui num excelente exercício muscular e pulmonar. Além disso, reduz o ritmo cardíaco e regulariza os batimentos, combate a ansiedade e a depressão e ajuda a eliminar o estresse. E até mesmo confere colorido à pele!

Quando as crianças praticam as brincadeiras de relaxamento, o riso ajuda a libertá-las do constrangimento e da ansiedade, proporcionando o alívio do excesso de emoção. Portanto, se as crianças quiserem, deixar que riam durante um bom tempo no início das brincadeiras.

"Através do riso e da brincadeira, conseguimos refazer o estoque de energia." (Revista *Réunion*, 1998, p.27)

Segunda Parte

40 BRINCADEIRAS PARA RELAXAR

Como este livro se dirige a um público amplo, optei por apresentar as brincadeiras por etapas.

Cada brincadeira está dividida em três sessões.

A primeira, **Planejamento**, esclarece os objetivos da atividade, orientando sobre a técnica de relaxamento empregada. Há também uma descrição resumida da brincadeira, assim como a previsão do espaço necessário para que cada criança possa se movimentar à vontade.

A segunda sessão, **Descrição da brincadeira,** demonstra como explicá-la às crianças, passo a passo. As palavras sugeridas podem ser adaptadas segundo a idade das crianças e sua experiência prévia com elas. Depois de praticar a brincadeira algumas vezes, esta sessão se torna dispensável.

A terceira, **Hora da brincadeira!** é um guia, passo a passo, sobre o desenvolvimento da sessão. Ainda aqui, as frases podem ser adaptadas de acordo com a faixa etária ou decisão do educador. Ao final de algumas brincadeiras há sugestões úteis para grupos de crianças em escolas ou creches (jardins de infância). É importante terminar a brincadeira sempre tranquilamente, respeitando o ritmo das crianças e conduzindo-as para a próxima atividade.

O AVIÃO

Planejamento

Objetivo: Levar a criança a um estado de relaxamento através de uma postura deitada e imóvel.

Atividade: Imitar um avião decolando, voando e aterrissando.

Preparação: Calcular espaço suficiente para que cada criança possa correr e deitar no chão sem tocar ou atrapalhar o companheiro ao lado. Para um grupo de cerca de trinta crianças, delimitar um espaço com a dimensão aproximada de uma quadra de tênis (13m x 6m). Se possível, diminuir a iluminação no momento da aterrissagem.

Descrição da brincadeira

O educador explica a brincadeira às crianças, imitando os movimentos, se necessário:

- Vamos fazer a brincadeira do avião.

- O que é um avião? (... um aparelho que tem asas e voa). O avião tem rodas? (... sim, as rodas do avião aparecem no momento da aterrissagem.) O avião anda depressa? (... no início, ele decola lentamente, depois corre muito.)

- Primeiro vou explicar a brincadeira. Vocês prestam atenção e observam. Depois, juntos, praticamos.

- Quando eu disser: "Todos os passageiros devem colocar o cinto de segurança", cada um faz de conta que é o piloto e coloca seu cinto de segurança.

- Depois, começo a contagem para a decolagem: "Cinco, quatro, três, dois, um... decolar!" Neste momento, vocês se transformam em avião e começam a decolar.

- Podem imitar as asas do avião com os braços, inclinando-se para os lados para fazer as curvas. Depois, podem ir bem depressa.

- Quando eu apitar (ou bater palmas três vezes), todos diminuem a velocidade, descem as rodas do trem de pouso e se ajoelham para aterrisar. Depois, deitam de barriga para baixo, tal como um avião que acabou de pousar na pista.

- Quando os aviões estiverem estacionados e completamente imóveis, toco a ponta dos pés de alguém. Este é o sinal para abrir as portas e os passageiros descerem.

- A criança que eu toquei pode então tocar o pé de outro companheiro e voltar ao seu lugar.

- Quem pode me dizer o que é um passageiro? (... uma pessoa que viaja a bordo de um avião.)

Hora da brincadeira!

O educador guia as crianças passo a passo:

- Todos os passageiros devem atar os cintos de segurança.
- Cinco, quatro, três, dois, um... decolar!
- Vocês se transformam em avião e voam.
- Os braços são as asas do avião, que se inclina para os lados para fazer as curvas. Podem ir bem depressa. (Deixe que as crianças imitem um avião durante alguns segundos.)
- (Apito.) O avião aterrissa.
- Diminuir a velocidade, as rodas descem, podem ajoelhar-se no chão.
- Agora, deitem de barriga para baixo, no chão, como um avião que aterrissa.

- Os aviões já estão bem parados, sem se mexer; vou tocar o pé de alguém. Este é o sinal para abrir a porta e deixar os passageiros descerem.
- Depois que eu tocar um pé, o dono do pé pode tocar o pé de um companheiro antes de voltar para o seu lugar.

O AVIÃO

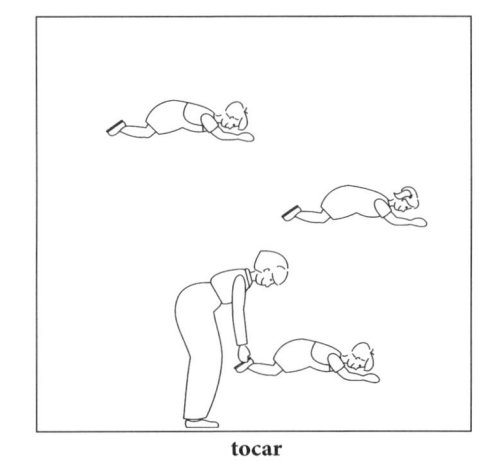

tocar

Observações

Para prevenir acidentes, é bom explicar às crianças que não devem chocar umas com as outras.

Outras opções

• Pedir aos motores para fazer barulho antes da decolagem, na hora da contagem regressiva.

• Determinar uma linha como pista de aterrissagem.

• Realizar duas ou três viagens durante a mesma sessão.

• Pedir a uma criança para escolher um país para a próxima viagem.

O BALÃO

Planejamento

Objetivo: Levar a criança a relaxar, utilizando a expiração e a inspiração.
Atividade: Cada um se transforma num balão que se enche e se esvazia.
Preparação: Prever espaço suficiente para que cada um possa abrir os braços sem tocar o companheiro ao lado. Para um grupo de cerca de trinta crianças, delimitar um espaço com a dimensão aproximada de uma quadra de vôlei (18m x 9m). Se possível, diminuir a iluminação.

Descrição da brincadeira

O educador explica a brincadeira às crianças, imitando os movimentos, se necessário:

- Vamos fazer a brincadeira do balão.
- Primeiro vou explicar a brincadeira, enquanto vocês prestam atenção e observam. Depois, juntos, praticamos.
- Nesta brincadeira, cada um se transforma num balão que se enche e se esvazia.
- Eu tenho uma bomba de ar (fazer como se estivesse "bombeando o ar" com as mãos ou utilizar um objeto que se pareça com uma bomba de ar). Quando eu bombear o ar, cada um fica cheio como um balão: enche os pulmões de ar e faz um barrigão, levantando os braços ao lado do corpo.
- Quando eu parar e fizer um sinal, todos colocam as mãos na barriga e deixam o ar sair do balão. Soltam o ar pela boca, lentamente, e deixam os braços cair ao longo do corpo.

Hora da brincadeira!

O educador guia as crianças passo a passo:

- Cada um escolhe seu lugar, mantendo distância do companheiro ao lado para poder abrir os braços sem se tocar.
- Agora, cada um se transforma num balão.
- O que tem dentro de um balão? (... ar.)
- O que acontece quando o ar sai de dentro do balão? (... o balão murcha.)
- Eu ligo a bomba de ar (fazer o movimento) e todos começam a inchar como um balão.
- Encham os pulmões de ar, fazendo um barrigão e levantando os braços ao lado do corpo.
- Todos ficam cheios, cheios, como um balão repleto de ar.
- Podem ficar na ponta dos pés. (Esperar três ou quatro segundos.)
- Atenção ao sinal!
- Coloquem as mãos sobre a barriga e deixem o ar sair, como um balão que vai murchando. Soltem o ar pela boca.

(Encher e esvaziar o balão de duas a quatro vezes.)

Na última vez:

- Cada um esvazia bem, até a barriga ficar achatada. (Verificar se todos os balões estão vazios.)
- Agora, todos se deitam no chão. Os braços e as pernas estão vazios e murchos. Descansem um pouco.
- Quando eu chamar pelo nome, cada um se levanta calmamente e se dirige para outra atividade. Se preferir, pode continuar descansando um pouco mais.

O BALÃO

bomba = encher

mãos sobre a barriga = murchar

bomba = encher

mãos sobre a barriga = murchar

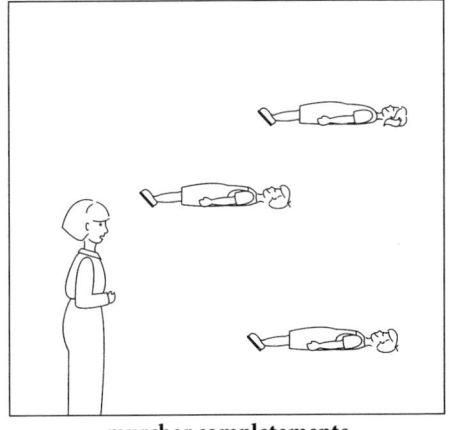

murchar completamente

Outras opções

Depois de algumas vezes, as crianças podem formar duplas para fazer a brincadeira. Uma delas aciona a bomba, enquanto a outra imita o balão que se enche. Depois de três ou quatro segundos, o que está bombeando o ar coloca de leve as mãos na cabeça do outro, que começa a esvaziar, murchando a barriga. As crianças fazem a mesma coisa três ou quatro vezes, depois mudam de papel.

A CADEIRA DE BALANÇO

Planejamento

Objetivo: Conduzir a criança a um estado de tranquilidade através de movimentos de oscilação.

Atividade: Cada um se embala, imitando o movimento de uma cadeira de balanço e depois finge adormecer.

Preparação: Prever um espaço suficiente para que cada criança possa se sentar (ou deitar) e se balançar sem tocar o companheiro ao lado. Para um grupo de cerca de trinta crianças, delimitar um espaço mais ou menos correspondente a uma cancha de tênis (13m x 6m). Se possível, diminuir a iluminação.

Descrição da brincadeira

O educador explica a brincadeira às crianças, imitando os movimentos, se necessário:

- Vamos fazer a brincadeira da cadeira de balanço.

- Primeiro vou explicar a brincadeira, enquanto vocês prestam atenção e observam. Depois, juntos, praticamos.

- Cada um finge que é uma cadeira de balanço e faz um suave movimento de vai-e-vem com o corpo, como se estivesse se embalando.

- Quando quiserem, cada um faz de conta que adormeceu e pára de se balançar.

- Todos ficam dormindo, bem relaxados. Então, vou fazer de conta que minha mão é uma borboletinha que vai pousar no ombro de alguém para acordá-lo.

Hora da brincadeira!

O educador guia as crianças passo a passo:

- Escolham um lugar para sentar.
- Agora cada um faz de conta que é uma cadeira de balanço: dobra as pernas e balança suavemente o corpo para trás e para frente.
- Todos se embalam devagar. (Deixar as crianças se balançarem durante alguns instantes.)
- Quando quiserem, cada um faz de conta que adormeceu. Então pára de balançar e descansa. Se quiser, pode fingir que está dormindo de olhos abertos.
- Como estão bem relaxados e adormecidos, vou mandar uma borboletinha pousar no ombro de alguém. Quando ela pousar em vocês, podem acordar suavemente.
- Depois de acordar, podem caminhar um pouco e voltar ao seu lugar, ou descansar novamente.
- (Facultativo.) Quando eu bater palmas ou acender as luzes, todo mundo se levanta porque a brincadeira terminou.

A CADEIRA DE BALANÇO

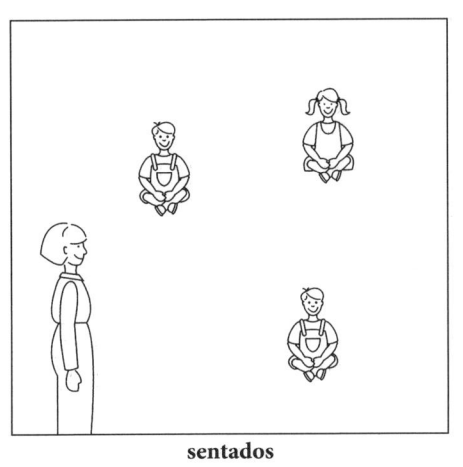

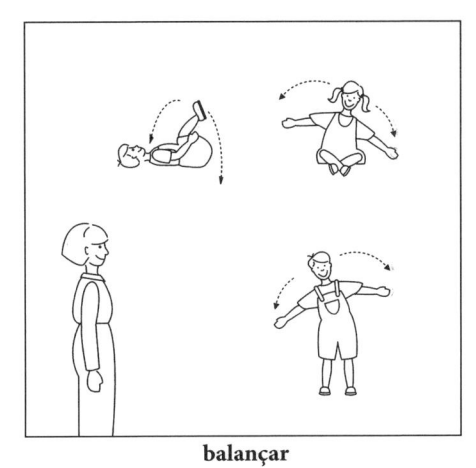

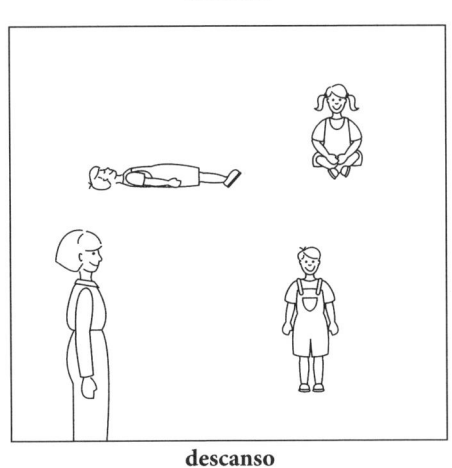

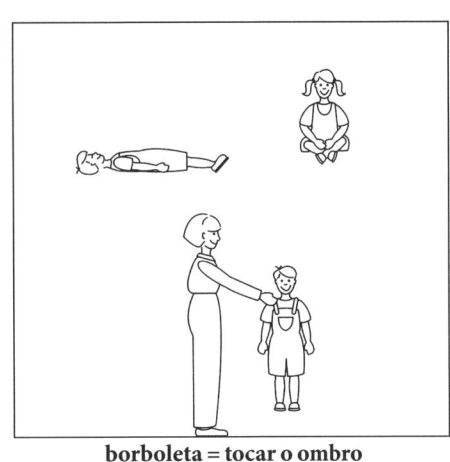

sentados	balançar
descanso	borboleta = tocar o ombro

Observações

Esta brincadeira tem algumas variantes: as crianças também podem se deitar para imitar uma cadeira de balanço. Neste caso, elas levam as coxas de encontro ao peito, mantendo-as ali com a ajuda dos braços. Também podem fazer a postura de pé. O movimento de vai-e-vem pode ser feito para os lados.

A VELA

Planejamento

Objetivo: Levar a criança a se descontrair, adotando uma posição estável.

Atividade: A partir da posição deitada, as crianças elevam as pernas, imitando uma vela.

Preparação: Prever espaço suficiente para que todos possam se deitar sem tocar o companheiro ao lado. Para um grupo de cerca de trinta crianças, delimitar um espaço com a dimensão aproximada de uma quadra de vôlei (18m x 9m). Todos formam um círculo e se quiserem, podem escolher se deitar no interior do círculo. Se possível, diminuir a iluminação.

Descrição da brincadeira

O educador explica a brincadeira às crianças, imitando os movimentos, se necessário:

- Vamos fazer a brincadeira da vela.
- Primeiro vou explicar a brincadeira, enquanto vocês prestam atenção e observam. Depois, juntos, praticamos.
- Para começar, todos se deitam de costas. Quando eu disser "vela", todos levantam as pernas em direção ao teto, como uma vela.
- Verei se as velas estão bem retas e bonitas, e então tocarei os pés de alguém para acender a sua vela.
- O dono da vela iluminada pode se levantar e acender a vela de um companheiro.
- Em seguida volta ao seu lugar.

Hora da brincadeira!

O educador guia as crianças passo a passo:

- Vamos formar um grande círculo.
- Agora, todos se deitam de costas e verificam se há espaço suficiente para se esticarem sem tocar o companheiro do lado.
- Deixem os braços ao longo do corpo e as pernas bem estendidas no chão.
- Vela! Comecem a levantar as pernas, devagar, em direção ao teto, deixando os ombros bem encostados no chão. Podem ajudar a apoiar as pernas colocando a mão no alto do quadril ou deixar os braços ao longo do corpo, vocês decidem como querem fazer a vela.
- Quando todas as velas estiverem retas e bonitas, vou acender uma tocando levemente os pés de alguém.
- Aquele cuja vela estiver acesa, pode se levantar e acender a vela de um dos seus companheiros.
- Depois volta para o seu lugar e descansa.

A VELA

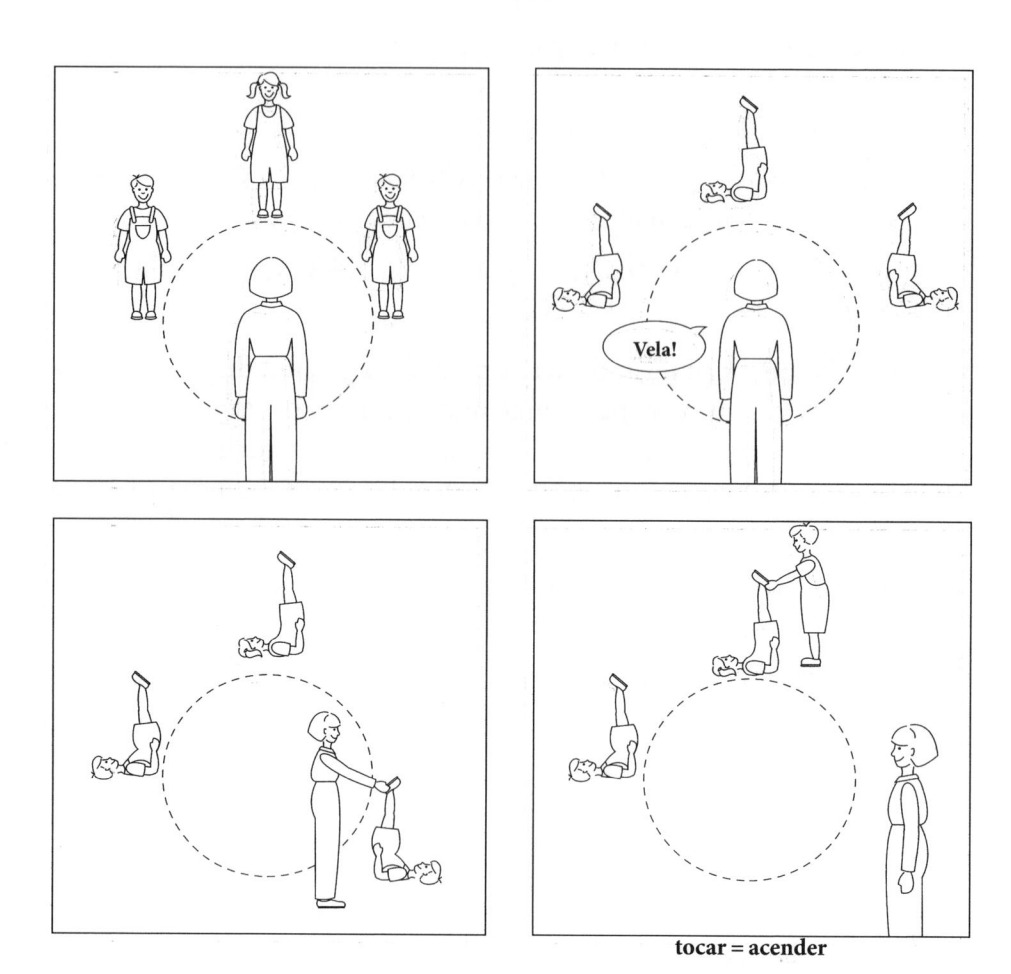

tocar = acender

O GATO-LEÃO

Planejamento

Objetivo: Conduzir as crianças a um estado de relaxamento, executando movimentos de contração e distensão.

Atividade: Cada um imita a atitude feroz do leão e depois, a atitude tranquila e mansa do gato.

Preparação: Prever espaço suficiente para que as crianças possam se movimentar à vontade. Para um grupo de cerca de trinta crianças, reservar um espaço com a dimensão aproximada de uma quadra de vôlei (18m x 9m). Se possível, diminuir a iluminação.

Descrição da brincadeira

O educador explica a brincadeira às crianças e, se necessário, imita os movimentos.

- Vamos brincar de gato-leão.
- Primeiro vou explicar a brincadeira, enquanto vocês prestam atenção e observam. Depois, juntos, praticamos.
- No início da brincadeira cada um se movimenta como quiser: pode correr, caminhar, dançar, saltar num pé só...
- Depois, vou fazer um sinal com a mão indicando se vão imitar um gato ou um leão.
- Quando eu levantar o braço com a mão fechada, todos ficam de quatro e imitam o rugido do leão. O que faz o leão? (... o leão ruge. RRR...)
- Se eu levantar o braço com a mão aberta, também ficam de quatro e imitam o gato. O que faz o gato? (... o gato mia. Miau, miau...)

- Se eu levantar o braço com a mão aberta para baixo, cada um se deita no chão para imitar um gato dormindo ao sol.
- Quando todos os gatos estiverem descansando no chão, vou tocar três gatos. Eles se espreguiçam devagar, se levantam e cada um toca um companheiro. Depois voltam a sentar em seus lugares.
- Os três novos gatos, por sua vez, também se espreguiçam devagar e se levantam para tocar outros três gatos.

Hora da brincadeira!

O educador guia as crianças passo a passo:

- Todo mundo se movimenta! Cada um escolhe o que quer fazer: correr, saltar num pé só, caminhar... (Deixar que as crianças se movimentem durante alguns segundos.)
- Vou levantar o meu braço. Olhem bem para a minha mão para saber o que devem fazer. Minha mão está fechada. Todos imitam um leão, sem tocar os outros leões. (As crianças se colocam de quatro e imitam o rugido do leão.)
- Agora, minha mão está aberta. Todos imitam um gato.
- O gato não mia alto, mia bem baixinho.
- Podem andar ou ficar no mesmo lugar.

  (Repetir o leão e o gato algumas vezes.)
- Olhem bem para minha mão: ela está aberta e virada para baixo. Isto quer dizer que vão imitar um gato se aquecendo ao sol. Todos se deitam de lado e miam cada vez mais baixo.
- Cada um coloca as pernas e os braços na frente do corpo e, se quiser, pode colocar a cabeça em cima de uma das mãos.
- As pernas e os braços ficam moles, moles, completamente relaxados.
- Agora todos param de miar.
- Descansem um pouco em silêncio. (Deixar as crianças assim durante um minuto.)

- Vou tocar três gatinhos adormecidos.
- Eles se espreguiçam devagar. Depois, cada um deles se levanta e toca outro gatinho. Em seguida volta ao seu lugar e se senta tranquilamente para continuar a descansar.
- Os outros três gatos fazem a mesma coisa: espreguiçam-se devagar e se levantam para tocar outro gato. (Assim por diante, até que todos os gatos tenham sido tocados.)

O GATO-LEÃO

movimentar-se	mão fechada = leão
mão aberta = gato	mão fechada = leão

mão aberta = gato

gato dormindo

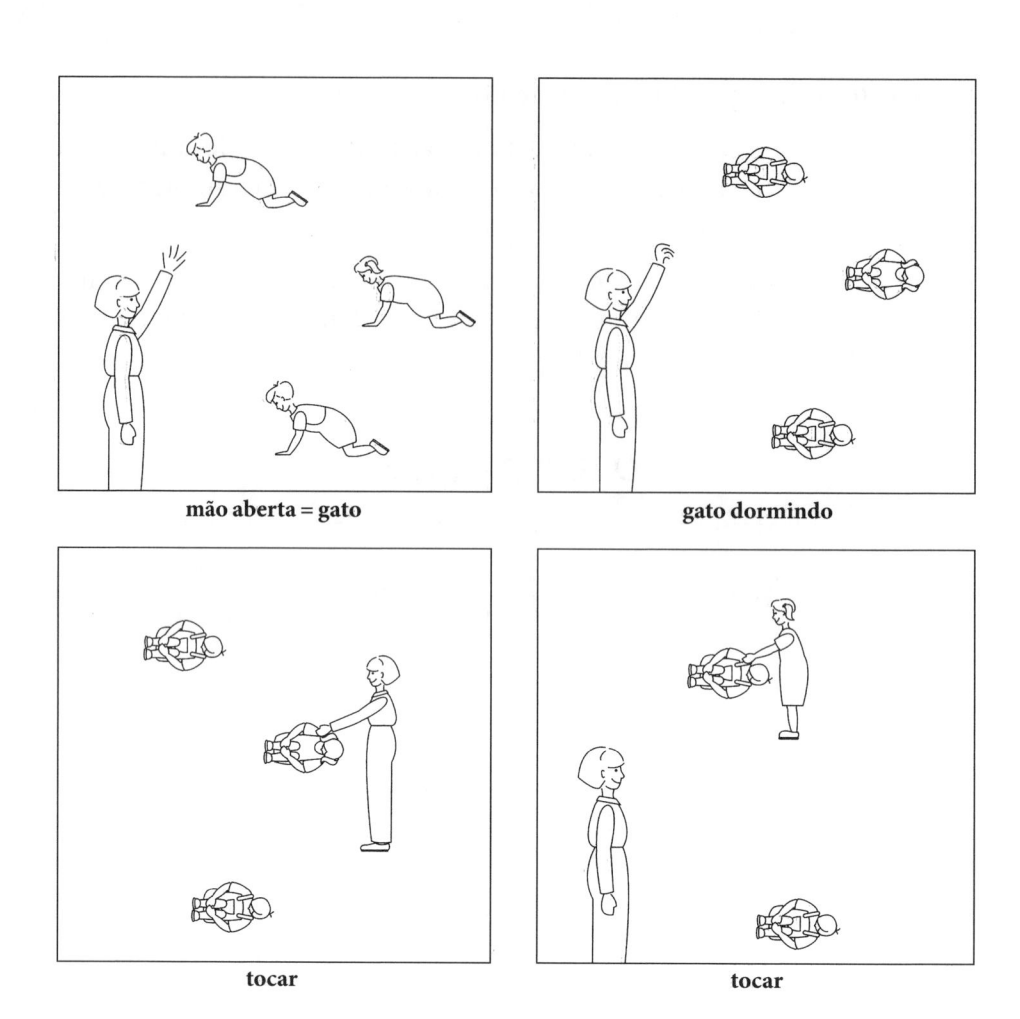

tocar

tocar

Observações

Insistir para que todos os participantes olhem bem para a sua mão, a fim de saber o que devem fazer: o leão, o gato ou o gato dormindo.

OS PALHAÇOS KIKI

Planejamento

Objetivo: Conduzir as crianças a um estado de calma através de movimentos de contração e relaxamento.

Atividade: Pregar uma peça em dona Turbina, mudando de lugar todas as casas de sua cidade.

Preparação: Prever espaço suficiente para que as crianças possam se movimentar com os braços esticados, sem tocar o companheiro ao lado. Para um grupo de aproximadamente trinta crianças, delimitar um espaço com a dimensão de uma quadra de vôlei (18m x 9m). Se possível, diminuir a iluminação no fim do jogo.

Descrição da brincadeira

O educador explica a brincadeira às crianças e, se necessário, imita os movimentos.

- Vamos fazer a brincadeira dos palhaços Kiki.
- Primeiro vou explicar a brincadeira, enquanto vocês prestam atenção e observam. Depois, juntos, praticamos.
- Vamos fazer de conta que todo este espaço é a cidade de Dona Turbina, e tem mil casas.
- Cada um de vocês é um palhaço Kiki. Vocês querem pregar uma peça em Dona Turbina: mudar de lugar todas as casas da cidade. Para fazer esta brincadeira, vou falar o nome de diferentes tipos de casa e cada um vai fazer de conta que está carregando aquela casa. Por exemplo, quando eu disser "uma casa de três andares", todos fazem força para levantar a casa e levá-la para outro lugar. Depois de colocá-la no chão, dobram o corpo para frente, flexionando um pouco os joelhos e balançando os braços, deixando-os moles, moles.

- Quando eu falar de uma casa pequena, por exemplo, "casinha de cachorro", podem levantá-la e carregá-la quase sem fazer força.
- Quando eu disser: "milésima casa", esta vai ser a última casa a ser transportada. Como vocês já carregaram as mil casas da cidade de Dona Turbina, estão exaustos e vão descansar. Podem se sentar ou se deitar no chão. Não se mexem mais e relaxam completamente todos os músculos das pernas e dos braços.
- Quando todos os palhaços Kiki estiverem imóveis, bato palmas três vezes e me transformo em Dona Turbina. Fico muito espantada de ver que todas as casas da minha cidade mudaram de lugar.
- Então, cada um pode se levantar calmamente, sem fazer barulho, ficar em pé e piscar para Dona Turbina – para ela entender que eles são os palhaços Kiki e lhe pregaram uma boa peça. Se alguém tiver dificuldade em piscar o olho, pode ajudar com a mão.
- Depois cada um se dirige para a próxima atividade (ou volta a se sentar no seu lugar).

Hora da brincadeira!

O educador guia as crianças passo a passo:

- Cada um escolhe um lugar e fica de pé.
- Começamos mudando uma casa de quatro andares.
- Cada um levanta a casa fazendo muita, muita força e a coloca no lugar que escolher. Depois, dobra o corpo para frente, flexiona os joelhos e balança os braços molemente.
- Vamos mudar a segunda casa, com três andares. Todos fazem muita força para levantá-la e a colocam no lugar que escolherem. Relaxam e dobram o corpo para frente, flexionando um pouco os joelhos e balançando molemente os braços.
- Décima terceira casa: um ninho de passarinhos, bem leve. Vocês podem levantar a casa tranquilamente, colocá-la onde quiserem e relaxar. (Chamar uma ou duas casas mais, de acordo com a necessidade.)
- Milésima casa! Ela tem cinco andares. É muito pesada. Vocês fazem muita força... e relaxam.
- Depois de trabalhar fazendo tanto esforço, todos descansam e esperam a chegada de Dona Turbina. Podem se sentar ou deitar no chão, como quiserem.

- Ok, todos os palhaços Kiki estão deitados, relaxados, sem se mover. Agora vou bater palmas três vezes e me transformar em Dona Turbina.
- Sem fazer barulho, todos podem se levantar, chegar perto de Dona Turbina e piscar um olho para ela. Se alguém tiver dificuldade em piscar o olho pode usar a mão para ajudar.
- Depois podem se dirigir à próxima atividade.

OS PALHAÇOS KIKI

em pé	fazer força
relaxar	descansar

Sou eu, o palhaço Kiki!

Outra opção

Pedir a uma criança para fazer o papel de Dona Turbina.

O CORAÇÃO

Planejamento

Objetivo: Conduzir a criança a um estado de repouso, realizando movimentos muito enérgicos seguidos de movimentos mais leves.

Atividade: Cada um aprende a escutar as batidas de seu coração, que variam segundo a intensidade do exercício físico.

Preparação: Prever um espaço suficiente para que possam correr à vontade. Para um grupo de cerca de trinta crianças, delimitar um espaço com a dimensão aproximada de uma quadra de vôlei (18m x 9m). Se possível, diminuir a iluminação.

Descrição da brincadeira

O educador explica a brincadeira às crianças e, se necessário, imita os movimentos.

- Vamos fazer a brincadeira do coração.
- Primeiro vou explicar a brincadeira, enquanto vocês prestam atenção e observam. Depois, juntos, praticamos.
- Quando eu disser "Hora da brincadeira!", todos começam a correr na mesma direção (ou no mesmo lugar).
- Depois de alguns segundos, bato palmas três vezes. Então, todos param de correr.
- Quando eu disser "Coração!", todos se deitam de costas e colocam as mãos sobre o coração para ouvi-lo.

Hora da brincadeira!

O educador guia as crianças passo a passo:

- Hora da brincadeira!
- Podem correr bem depressa! (Deixar as crianças correr cerca de 30 segundos, depois bater palmas.)
- Coração! (Todos se deitam de costas e colocam as mãos sobre o coração.)
- Ouçam o coração. Ele está batendo muito forte?
- Podem se levantar e recomeçar a correr. Correr mais depressa, muito depressa. (Deixar as crianças correr por cerca de 30 segundos e bater palmas de novo.)
- Coração!
- Ouçam como o coração está batendo forte. (Ficar assim durante 20 segundos.)
- E agora, o coração ainda está batendo forte? Ou começou a bater mais devagar?
- Levantar mais uma vez. Desta vez, depois de correr, andar um pouco antes de deitar e ouvir o coração.
- Novamente, correr bem rápido. Agora, andar um pouco... (Deixar as crianças caminharem por mais ou menos 20 segundos, depois bater palmas.)
- Coração! (As crianças se deitam.)
- O coração bate mais forte ou menos forte depois de ter caminhado? Reparem que quando caminham um pouco depois de correr, recuperam o fôlego mais rapidamente.
- Continuem deitados ouvindo o coração que bate cada vez menos forte e se tranquiliza.
- Vou chamar o nome de alguém que vai se levantar calmamente e voltar para o seu lugar ou pode continuar relaxando.

O CORAÇÃO

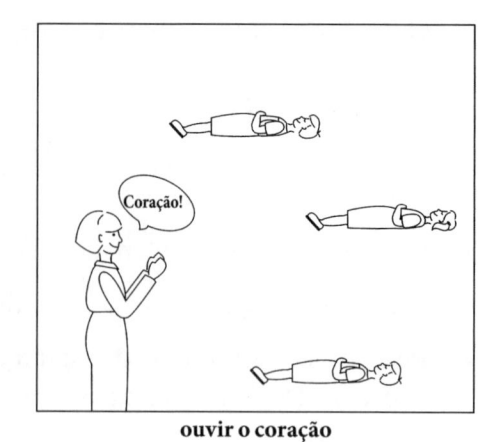

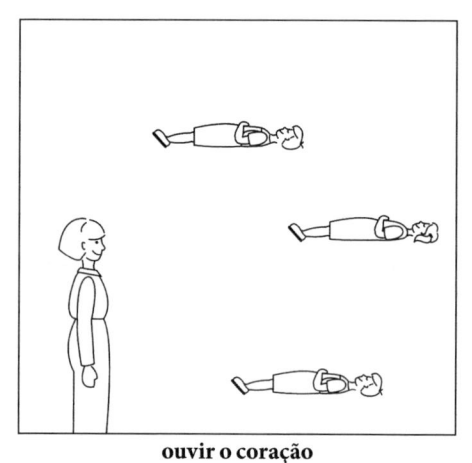

correr	ouvir o coração
correr	ouvir o coração

Hora do jogo!

Coração!

caminhar

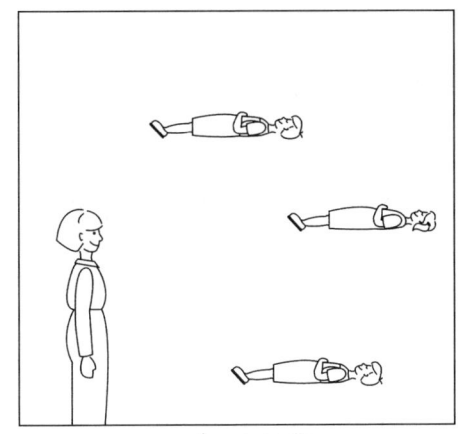

ouvir o coração

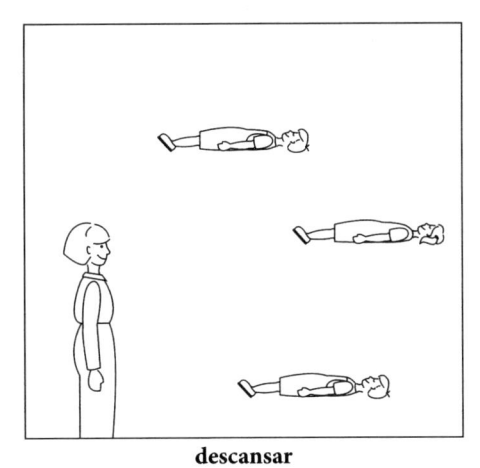

descansar

A COLEÇÃO DE BONECOS

Planejamento

Objetivo: Levar a criança a se acalmar através de movimentos de contração e relaxamento.

Atividade: Cada um imita as bonecas que vão sendo mencionadas.

Preparação: Prever espaço suficiente para que as crianças possam se deitar no chão sem tocar no companheiro ao lado. Para um grupo de cerca de trinta crianças, delimitar um espaço com a dimensão aproximada de uma quadra de vôlei (18m x 9m). Se possível, diminuir a iluminação.

Descrição da brincadeira

O educador explica a brincadeira às crianças e, se necessário, imita os movimentos.

- Vamos fazer a brincadeira da coleção de bonecos.
- Primeiro vou explicar a brincadeira, enquanto vocês prestam atenção e observam. Depois, juntos, praticamos.
- O que é uma coleção? (... é uma quantidade de objetos do mesmo tipo que reunimos. Pode-se colecionar moedas, cartas, selos etc.)
- Vamos fazer de conta que temos uma coleção de bonecos.
- Quando eu disser o nome de um tipo de boneco, vocês o imitam. Por exemplo, quando eu disser "Boneco que dança!", vocês começam a dançar.
- Que outros tipos de bonecos existem numa coleção? (... bonecos que cantam, bonecos que falam, bonecos de pano, bonecos de pedra, bonecos de madeira etc.)

- Quando eu disser "Boneco de madeira!" todos ficam duros como a madeira.
- Se eu disser "Boneco de massa de modelar!", todos ficam moles como a massa de modelar.
- Quando eu disser "Boneco que dorme!" cada um aproveita para deitar no chão e fazer de conta que está dormindo.
- Depois de alguns minutos vou bater palmas três vezes. A brincadeira terminou e todos podem levantar e se dirigir à próxima atividade.

Hora da brincadeira!

O educador guia as crianças passo a passo:

- "Boneco que fala!"

(Apito ou qualquer outro sinal.) "Boneco que dança!" Atenção! O boneco dança mas não fala ao mesmo tempo.

- "Boneco de pedra!"
- "Boneco de pano!"
- "Boneco de madeira!"
- "Boneco de massa de modelar!"

(Escolher outros bonecos, se necessário.)

- "Boneco que dorme!" Cada um aproveita para se deitar no chão e descansar.

(Esperar dois ou três minutos, depois bater palmas três vezes.)

- A coleção está terminada. Todos podem se levantar devagar e se dirigir para a próxima atividade.

A COLEÇÃO DE BONECOS

dançar

duro

mole

descansar

Observação

Outros exemplos para imitar: boneco com perna de madeira e braços de algodão, boneco com braços de pedra e pernas de trapo etc.

AS CONCHAS

Planejamento

Objetivo: Levar a criança a um estado de tranquilidade através da adoção de uma postura de relaxamento.

Atividade: Cada criança imita com o corpo um tipo de concha dentro da qual existe uma pérola rara.

Preparação: Prever espaço suficiente para que as crianças possam ficar à vontade sem tocar no companheiro ao lado. Para um grupo de cerca de trinta crianças, delimitar um espaço com a dimensão aproximada de uma cancha de tênis (13m x 6m). Se possível, diminuir a iluminação.

Descrição da brincadeira

O educador explica a brincadeira às crianças e imita os movimentos, se necessário:

- Vamos fazer a brincadeira das conchas.

- Primeiro vou explicar a brincadeira, enquanto vocês prestam atenção e observam. Depois, juntos, praticamos.

- Estamos no mar, onde uma sereia está à procura de pérolas raras para fazer o mais belo colar do mundo. O nome da sereia é Rosa. Onde é que a sereia Rosa vai encontrar suas pérolas? (... dentro das conchas.)

- Cada um imita uma concha com o seu corpo. Se sua concha é redonda, o corpo toma a forma de uma bola. Se for comprida, podem se deitar no chão, esticando os braços e as pernas.

- Quando as conchas estiverem bem feitas e completamente imóveis, a sereia chega perto de cada uma para ver se há uma pérola rara lá dentro.

- Eu posso fazer o papel da sereia. Então chamarei o nome de alguém que abrirá sua concha levantando devagar. Se sorrir, é sinal de que há uma pérola rara lá dentro. Depois, calmamente ele toma seu lugar num círculo junto com os outros companheiros para formar o mais belo colar de pérolas raras do mundo.
- Quando todas as pérolas silenciosas estiverem no círculo, o colar para a sereia Rosa está terminado.

Hora da brincadeira!

O educador guia as crianças passo a passo:

- Cada um escolhe um lugar e começa a formar sua concha.
- Podem imitar uma concha redonda ou uma concha comprida. Ela pode ser pequena ou bem grande. Quero ver muitos tipos de conchas.
- Agora que as conchas estão prontas e completamente imóveis, vou chamar o nome de alguém que vai abrir devagar e se levantar tranquilamente.
- Seu sorriso vai indicar que há uma pérola rara em sua concha. Então, coloca sua pérola no círculo silencioso. Juntas, todas as conchas formam o mais lindo colar de pérolas raras do mundo para a sereia Rosa.
- O colar está terminado, com todas as pérolas raras!

AS CONCHAS

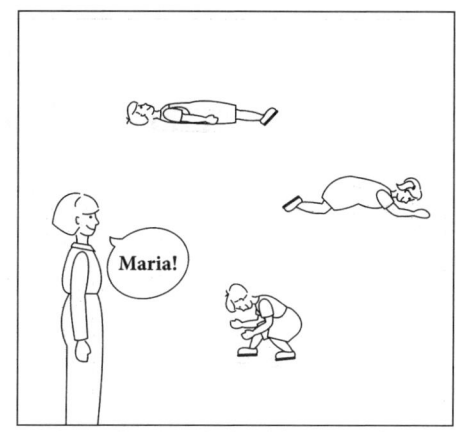

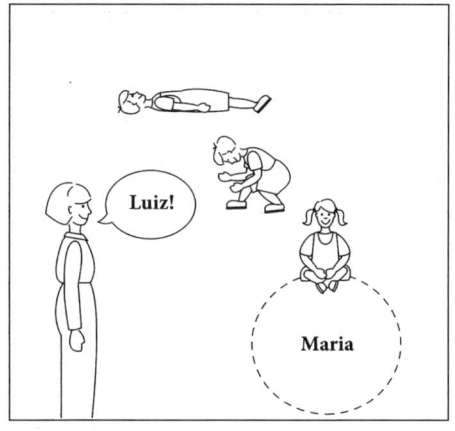

Outra opção

Escolher uma criança para fazer o papel de sereia.

OS CARREGADORES DE MUDANÇA

Planejamento

Objetivo: Conduzir as crianças a um estado de relaxação através de movimentos de contração e relaxamento, efetuando sacudidelas.

Atividade: Cada criança imita um carregador de mudança.

Preparação: Prever espaço suficiente para que as crianças possam andar à vontade, com os braços estendidos. Para um grupo de cerca de trinta crianças, delimitar um espaço com a dimensão aproximada de uma quadra de vôlei (18m x 9m). Se possível, diminuir a iluminação.

Descrição da brincadeira

O educador explica a brincadeira às crianças e imita os movimentos, se necessário:

- Vamos fazer a brincadeira dos carregadores de mudança.
- Primeiro vou explicar a brincadeira, enquanto vocês prestam atenção e observam. Depois, juntos, praticamos.
- Vocês vão me ajudar a terminar a mudança para minha casa nova.
- Quando eu disser o nome de um objeto, por exemplo, uma mesa, cada um faz de conta que está carregando a mesa até o caminhão de mudanças, estacionado a 10 metros da casa. É preciso fazer muita força, porque ela é pesada. (Determinar onde está o caminhão da mudança dentro do espaço da brincadeira.)

- Quando eu disser o nome de um objeto muito pesado, como a televisão, vão precisar da ajuda de um companheiro para transportá-la. Mesmo trabalhando com um ajudante, é preciso fazer muita força. Os braços e as pernas vão ficar bem rijos porque o objeto é muito pesado.
- Depois de colocar o objeto no caminhão, podem relaxar os músculos, sacudindo os braços e as pernas.
- No final, quando estiverem bem descansados, vou chamar o nome de cada um, que se levantará lentamente. A brincadeira termina aqui.

Hora da brincadeira!

O educador guia as crianças passo a passo:

- Começamos transportando uma caixa de louça. Não é preciso fazer muita força porque ela pesa pouco. Coloquem a caixa dentro do caminhão com cuidado para não quebrar a louça. Depois relaxem os braços sacudindo-os um pouco.
- Agora, vamos carregar o sofá. Um sofá pesa muito. Vocês fazem bastante força, os braços e pernas ficam firmes. Coloquem o sofá no caminhão e relaxem os músculos.
- (Dizer o nome de vários objetos, como mesa, cadeira, cama, caixa de roupas, fogão, poltrona, televisão, relógio de pé, forno de microondas etc. Quando o objeto for muito pesado, convidar as crianças a formar duplas.)
- Está na hora de carregar a última peça: a geladeira. Ela é muito pesada mesmo. Cada um, junto com um companheiro, vai transportá-la e fazer muita força. Os músculos dos braços e das pernas ficam bem duros e rijos. Depois de colocá-la no caminhão sacudam um pouco os braços e as pernas.
- Finalmente a mudança terminou! Para descansar, todos se deitam no chão e deixam os braços e as pernas bem soltos e relaxados.
- Agora que estão bem descansados, vou chamar o nome de alguém que se levantará tranquilamente.

OS CARREGADORES DE MUDANÇA

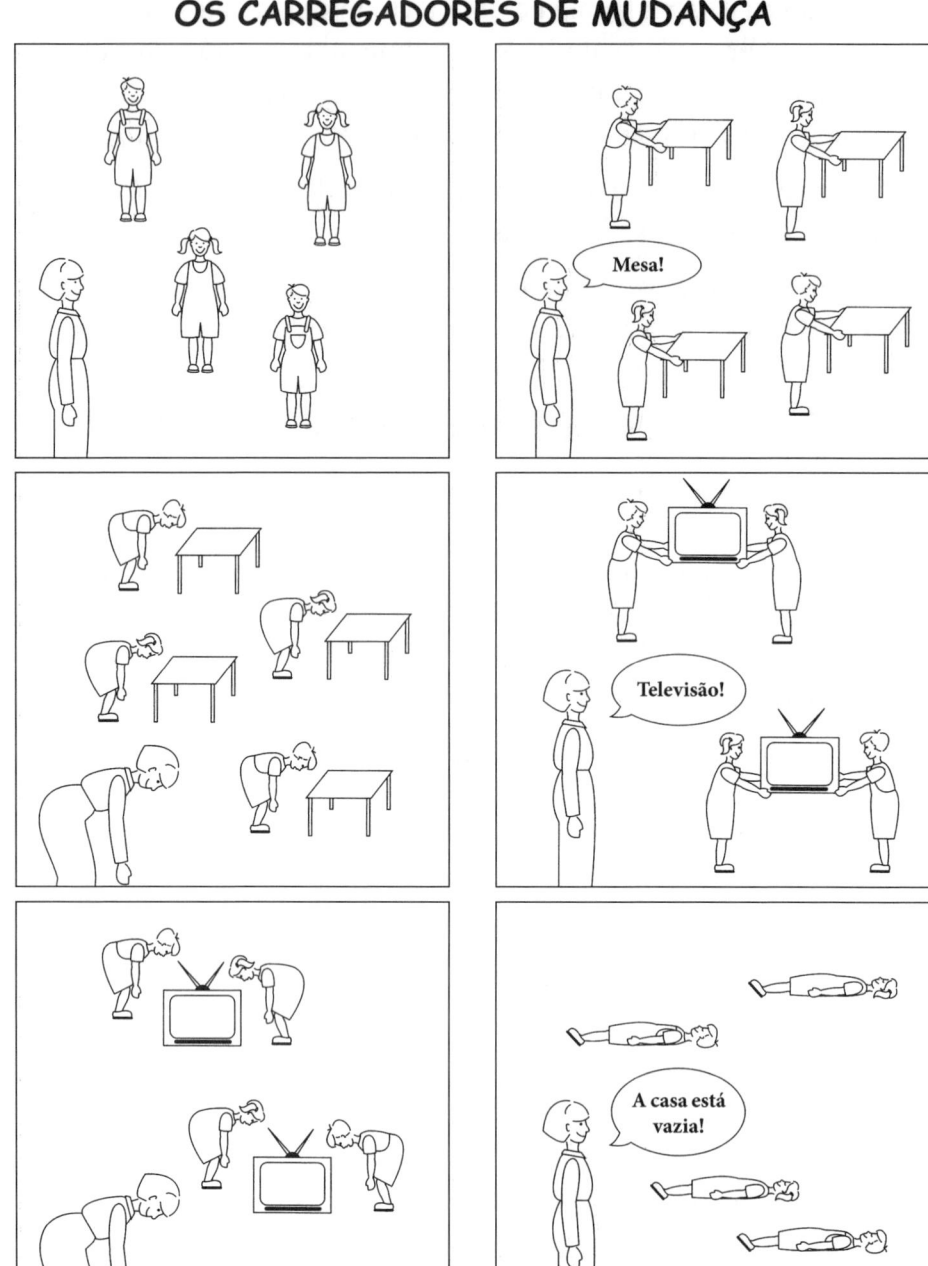

Observação

Escolher uma criança para se mudar; ela dirá o nome dos objetos para transportar até o caminhão.

DURO, DURO, MOLE, MOLE

Planejamento

Objetivo: Levar a criança a relaxar diferentes partes do corpo, realizando movimentos de contração e relaxamento.

Atividade: Cada criança faz seu corpo ficar, alternadamente, muito firme e muito mole.

Preparação: Prever espaço suficiente para que cada um possa se deitar sem tocar o companheiro ao lado. Para um grupo de cerca de trinta crianças, delimitar um espaço com a dimensão aproximada de uma cancha de tênis (18m x 9m). Se possível, diminuir a iluminação.

Descrição da brincadeira

O educador explica a brincadeira às crianças e imita os movimentos, se necessário:

- Vamos fazer a brincadeira do duro, duro, mole, mole.
- Primeiro vou explicar a brincadeira, enquanto vocês prestam atenção e observam. Depois, juntos, praticamos.
- Para começar, todos se deitam de costas.
- Quando eu disser "Duro, duro!", o corpo de cada um fica bem firme. Para isso, fecham os punhos e fazem muita força nos braços. Ao mesmo tempo, encolhem a ponta dos pés e fazem muita força nas coxas e nas pernas.
- Quando eu disser "Mole, mole!", relaxam os pés e as pernas, depois as mãos e os braços. O corpo então fica mole, mole.

Hora da brincadeira!

O educador guia as crianças passo a passo:

- Todos se deitam de costas, com as pernas esticadas e sem cruzar os pés. Deixar os braços ao lado do corpo, ou seja, esticados ao lado das coxas.
- "Duro, duro!" Fechar os punhos e fazer força com os braços contra o chão. Esticar a ponta dos pés em direção ao corpo e fazer força com as coxas e as pernas contra o chão. O corpo está duro, duro.
- "Mole, mole!" Relaxar os pés, as coxas e as pernas. Relaxar também as mãos e os braços. O corpo fica mole, mole.
- "Duro, duro!" Fechar os punhos. Os braços ficam duros como ferro. Ao mesmo tempo esticar a ponta dos pés em direção ao corpo, as coxas e as pernas, que ficam duras como um tijolo.
- "Mole, mole!" Relaxar todo o corpo, ficando mole, mole.
- "Duro, duro!" (Deixar as crianças "endurecerem" durante alguns segundos.)
- "Mole, mole!"
- Agora podem descansar.
- Vou chamar o nome de alguém, que pode se sentar ou levantar calmamente ou continuar a descansar.
- Quando acender as luzes (ou tocar tambor, flauta, ou mesmo bater palmas), significa que a brincadeira terminou.

DURO, DURO, MOLE, MOLE

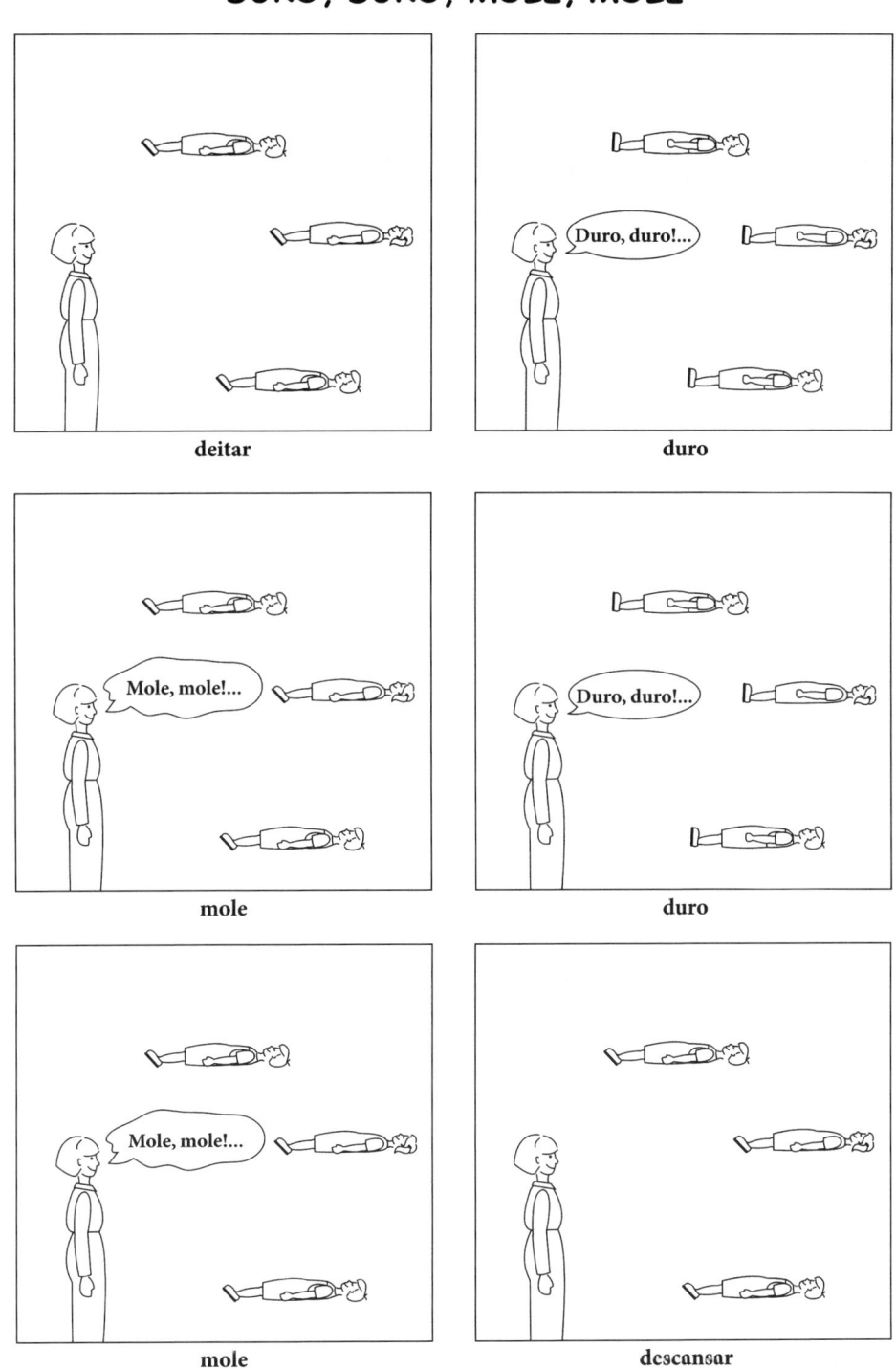

deitar	duro
mole	duro
mole	descansar

ESTRELAS CADENTES

Planejamento

Objetivo: Conduzir as crianças a um estado de relaxamento através da imobilização do corpo.

Atividade: Cada criança imita uma estrela no céu usando todo o corpo.

Preparação: Prever espaço suficiente para que as crianças possam se mover à vontade e deitar-se no chão sem tocar o companheiro ao lado. Para um grupo de cerca de trinta crianças, delimitar um espaço com a dimensão aproximada de uma cancha de tênis (18m x 9m). Se possível, diminuir a iluminação.

Descrição da brincadeira

O educador explica a brincadeira às crianças e imita os movimentos, se necessário.

- Vamos fazer a brincadeira da estrela cadente.
- Primeiro vou explicar a brincadeira, enquanto vocês prestam atenção e observam. Depois, juntos, praticamos.
- Imaginem que o céu é todo este espaço à nossa volta. Como é de noite, o céu está cheio de estrelas.
- Cada um escolhe um lugar no céu e imita uma estrela. Façam de conta que os braços, as pernas e a cabeça são as cinco pontas da estrela. Para imitar melhor podem deitar de costas e afastar as pernas com as pontas dos pés viradas para fora. Depois afastam os braços, deixando as palmas das mãos viradas para o céu.

- Vocês são estrelas muito brilhantes! Enquanto brilham no céu descansam e não se movem mais.
- Quando estiverem bem descansados vou pedir que se transformem numa estrela cadente em câmara lenta!
- O que faz uma estrela cadente? (... ela se desloca no céu rapidamente.) O que faz uma estrela cadente em câmara lenta? (... ela se desloca no céu lentamente, bem devagar.) Para terminar a brincadeira vou dizer o nome de cada um – que começa a abrir os dedos e a mexer os ombros e os braços bem devagar. Depois, também vai mexer os pés e as pernas em câmara lenta. No final pode levantar e se dirigir calmamente para a próxima atividade.

Hora da brincadeira

O educador conduz as crianças passo a passo:

- Cada um escolhe um lugar no céu.
- Deitar de costas para imitar uma estrela. As pernas ficam afastadas e os pés virados para fora. Os braços também ficam afastados com as palmas das mãos viradas para o céu.
- Todos descansam. Brilham no céu, sem se mexer. (Deixar as crianças relaxarem durante alguns minutos.)
- Agora transformem-se em estrelas cadentes em câmara lenta...
- Para terminar vou dizer o nome de cada um, que abre os dedos lentamente, depois mexe os ombros e os braços bem devagar e movimenta os pés e as pernas em câmara lenta.
- Podem caminhar calmamente para a próxima atividade.

ESTRELAS CADENTES

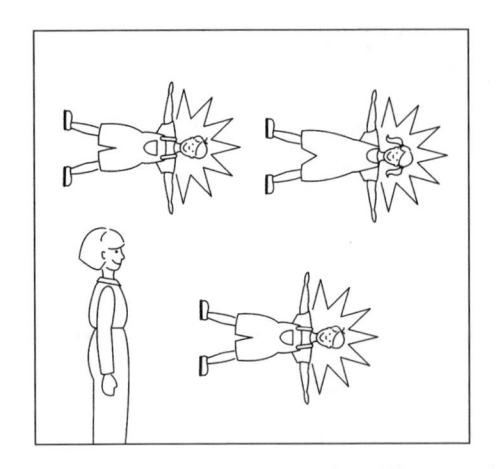

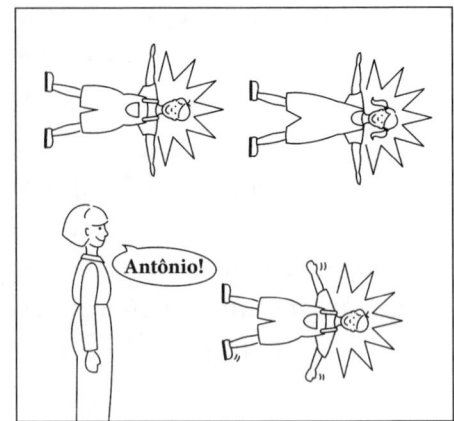

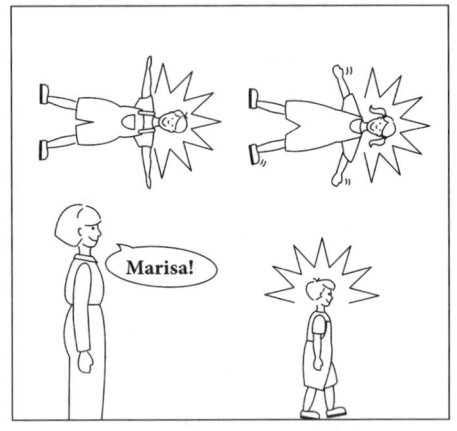

AS EXTREMIDADES

Planejamento

Objetivo: Conduzir a criança a um estado de repouso através do estiramento progressivo de partes do corpo, seguido de relaxamento.

Atividade: Todos se alongam em direção ao teto e relaxam em direção ao chão.

Preparação: Prever espaço suficiente para que cada um possa se dobrar para frente sem tocar o companheiro ao lado. Para um grupo de cerca de trinta crianças, delimitar um espaço com a medida aproximada de uma cancha de tênis (13m x 6m). Se possível, diminuir a iluminação.

Descrição da brincadeira

O educador explica a brincadeira às crianças e imita os movimentos, se necessário:

- Vamos fazer a brincadeira das extremidades.

- Primeiro vou explicar a brincadeira, enquanto vocês prestam atenção e observam. Depois, juntos, praticamos.

- No início, todos ficam em pé.

- Quando eu disser o nome de uma coisa que fica no alto como: céu, avião, nuvem, sol, planeta Marte, todos se alongam em direção ao alto e ficam na ponta dos pés esticando os braços o mais alto possível.

- Quando eu disser o nome de uma coisa que fica no chão, como a grama, o mar ou as flores, todos relaxam o estiramento. Os braços e o corpo caem para frente, flexionando um pouco os joelhos. O corpo fica completamente mole.

- Quando eu disser "Entre o céu e a terra!", todos ficam em pé, retos e relaxados.

Hora da brincadeira!

O educador explica a brincadeira às crianças e imita os movimentos, se necessário:

- Todos ficam de pé. Verificar se podem se curvar para frente sem tocar o companheiro ao lado.
- "Sol!" (Ou outro objeto que fique no céu.) Todos se esticam, ficando na ponta dos pés e alongando os braços o mais alto possível. (Esperar alguns segundos.)
- "Flores!" (Ou outro objeto que fique no chão.) Todos relaxam o corpo. Os braços e o corpo caem para frente, flexionando ligeiramente os joelhos. O corpo fica mole, mole.

(Nomear a intervalos alguns elementos do céu e da terra.)

- "Entre o céu e a terra!" Todos ficam em pé, direitos.
- Cada um pode voltar ao seu lugar, a brincadeira terminou.

AS EXTREMIDADES

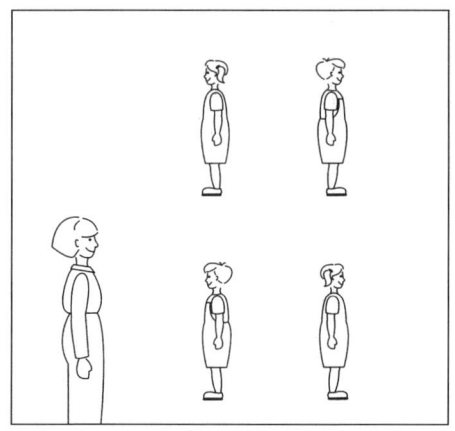

de costas	alongar – para o alto
relaxar – embaixo	relaxar

Speech bubbles: "Sol!", "Flores!", "Entre o céu e a terra!"

A FAZENDA

Planejamento

Objetivo: Levar as crianças a um estado de tranquilidade, passando da mobilidade à imobilidade.

Atividade: Cada um imita seu animal preferido de uma fazenda e o faz descansar.

Preparação: Calcular um espaço suficiente para que todos possam se movimentar à vontade. Para um grupo de cerca de trinta crianças, delimitar um espaço com a dimensão aproximada de uma quadra de vôlei (18m x 9m). Se possível, reduzir a iluminação quando a noite chegar na fazenda e voltar a iluminar ao amanhecer.

Descrição da brincadeira

O educador explica a brincadeira às crianças e imita os movimentos, se necessário:

- Vamos fazer a brincadeira da fazenda.
- Primeiro vou explicar a brincadeira, enquanto vocês prestam atenção e observam. Depois, juntos, praticamos.
- Que animais tem uma fazenda? (... galinha, porco, cavalo, vaca, gato, cachorro, bezerro, carneiro, galo, pato, boi, touro...)
- Cada um pode escolher *um* animal da fazenda.
- Quando eu disser "Hora da brincadeira!", cada um imita o animal que escolheu. Pode correr, miar, bater asas, mugir, galopar etc.

- Quando eu bater palmas três vezes significa que está anoitecendo: todos os animais da fazenda vão dormir. Para imitar seu animal dormindo podem ficar com os olhos abertos ou fechados, como quiserem.
- Existem alguns animais que dormem de pé, como os cavalos, outros se enrolam com a cabeça debaixo das asas, como as galinhas, outros se deitam no chão.
- Então vou escolher um animal da fazenda que esteja bem calmo e sem se mexer. Toco seu pé e ele se transforma num galo. Ele acorda, se levanta e canta "Cocorocó!" para acordar todos os outros animais. Todos despertam lentamente, se espreguiçam e caminham tranquilamente para o café da manhã (o seu lugar).

Hora da brincadeira!

O educador guia as crianças passo a passo:

- Cada um escolhe um animal da fazenda.
- Podem procurar um lugar e emitar o animal escolhido. (Deixar que as crianças façam suas imitações durante alguns segundos.)
- (Bater palmas três vezes.) É noite! Todos os animais procuram um lugar para dormir.
- Fazer de conta que dormem como o animal que escolheram. Se quiserem, podem manter os olhos abertos.
- Agora todos os animais da fazenda estão dormindo. Vou escolher aquele que está mais quieto. Quando eu tocar seu pé, ele se transforma num galo e canta. (Tocar o pé de uma criança.)
- Cocorocó!
- Amanheceu. Todos os animais despertam lentamente, se espreguiçam, bocejam e caminham calmamente para o café da manhã (o seu lugar).

A FAZENDA

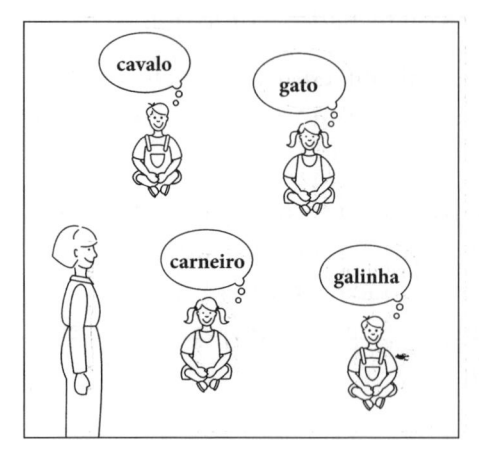

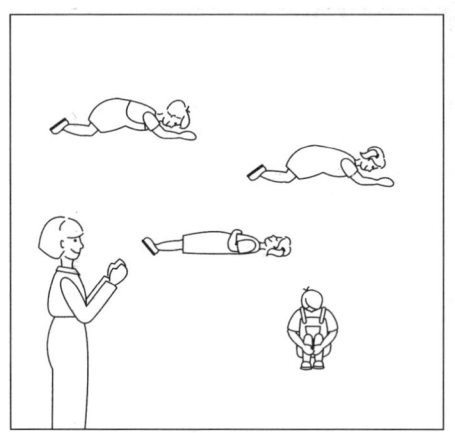

descansar 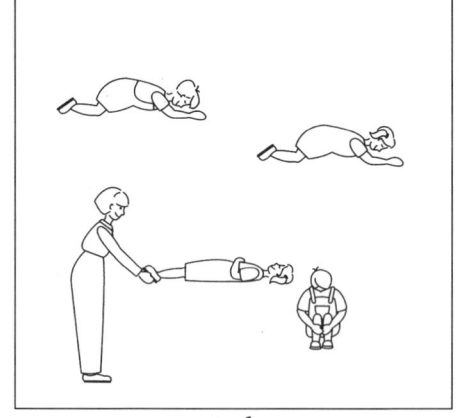   acordar

Observação

Se a criança escolhida para imitar o galo não quiser cantar, pode simplesmente fazer com a cabeça um sinal de que não quer. O educador escolherá outra criança.

A FESTA

Planejamento

Objetivo: Conduzir a criança a um estado de repouso através do relaxamento de partes do corpo.

Atividade: Cada um imita uma vela que se derrete sobre um bolo de aniversário.

Preparação: Calcular um espaço suficiente para que as crianças possam se deitar no chão sem esbarrar no companheiro ao lado. Para um grupo de mais ou menos trinta crianças, delimitar um espaço com a dimensão aproximada de uma cancha de tênis (13m x 6m). Se possível, reduzir a iluminação.

Descrição da brincadeira

O educador explica a brincadeira às crianças e imita os movimentos, se necessário:

- Vamos fazer a brincadeira da festa. Faremos de conta que comemoramos o aniversário de um colega.
- Primeiro vou explicar a brincadeira, enquanto vocês prestam atenção e observam. Depois, juntos, praticamos.
- No começo formamos um grande círculo, que vai ser o bolo de aniversário.
- Depois escolhemos o colega cujo aniversário vamos festejar.
- Quando eu disser: "Hora da brincadeira!", a festa começa. Todos brincam com os amigos. Podem dançar, correr, saltar e cantar – o que for mais divertido.

- Então, bato palmas três vezes e digo: "É hora de acender as velas!". Todos fazem de conta que são uma vela do bolo e se posicionam à volta do círculo do início da brincadeira. As velas devem ficar bem retas no lugar, sem se mexer.
- O aniversariante fica na frente do bolo.
- Quando as velas já estiverem todas no seu lugar, vou acender uma por uma com a ponta do meu dedo. Quando eu tocar suas cabeças, significa que são velas acesas.
- O que faz uma vela acesa? (... ela ilumina, queima, derrete.) Depois de ser tocado, cada um se transforma numa vela acesa que começa a derreter lentamente. Derrete, derrete, até a cera terminar. Nesse ponto fica completamente deitado no chão e aproveita para descansar.
- Quando as velas derreterem totalmente, chamo o nome de alguém que se levanta e deseja "Feliz Aniversário!" ao seu colega.
- A brincadeira termina depois que todos tiverem desejado "Feliz Aniversário!" ao companheiro.

Hora da brincadeira!

O educador guia as crianças passo a passo:

- Vamos formar um grande círculo.
- Quem escolhemos para festejar o aniversário? (Se necessário, designar uma criança para ser o aniversariante.) Miguel, vamos fazer de conta que hoje é seu aniversário.
- Hora da brincadeira! A festa começou! Todo mundo brinca como se estivesse numa festa! Podem dançar, correr, saltar, cantar, como quiserem. (Deixar as crianças se divertirem assim durante alguns minutos.)
- (Bater palmas três vezes.) É hora do bolo de aniversário! Cada um toma o seu lugar no círculo, para imitar uma vela do bolo.
- Miguel, você fica na frente do bolo.

- Cada vela fica bem reta e pára de se mexer.
- Quando todos estiverem completamente imóveis, vou acender as velas, tocando a cabeça de cada um com a ponta do meu dedo. Eu toco e a vela começa a derreter lentamente até terminar a cera.
- A vela está totalmente derretida! Todos estão estendidos no chão e descansam. As pernas e os braços ficam moles, moles.
- Vou chamar o nome de cada um, que vai se levantar devagar e desejar "Feliz aniversário!" a Miguel. Depois volta ao seu lugar.

A FESTA

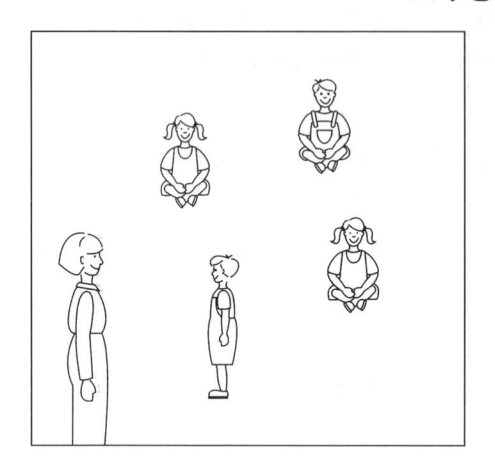

vela

Opções

Pode-se comemorar também o aniversário de gêmeos ou trigêmeos.

Se perceber que as crianças estão brigando ou implicando, toque o ombro de cada um para acender as velas.

A FONTE

Planejamento

Objetivo: Conduzir as crianças a um estado de repouso através do relaxamento de cada parte do corpo.

Atividade: Cada um se transforma numa flor que fica com muita sede.

Preparação: Calcular um espaço suficiente para que todos possam se deitar no chão sem esbarrar no companheiro ao lado. Para um grupo de mais ou menos trinta crianças, delimitar um espaço com a dimensão aproximada de uma quadra de vôlei (18m x 9m). Se possível, reduzir a iluminação.

Descrição da brincadeira

O educador explica a brincadeira às crianças e imita os movimentos, se necessário:

- Vamos fazer a brincadeira da fonte.
- Primeiro vou explicar a brincadeira, enquanto vocês prestam atenção e observam. Depois, juntos, praticamos.
- Para começar, ficamos todos de pé. Vocês são as flores de um grande jardim e eu sou o sol.
- Durante a brincadeira vou indicando as horas com os meus braços.
- Quando os meus braços estiverem embaixo são seis horas da manhã. Nesta hora as flores estão todas animadas. Assim, vocês podem rir, saltar ou dançar, cada um no seu lugar.

- Então, levanto os braços um pouco mais: são sete horas, oito horas, nove horas... As flores ainda estão bem. Todos continuam saltando, dançando e rindo... como quiserem.
- Quando os meus braços indicarem dez horas as flores começam a sentir calor e vão parando de se mexer.
- Às onze horas as flores sentem muito calor. Elas murcham devagar. Todos param de se movimentar e deixam o corpo dobrar para frente.
- Ao meio-dia as flores estão completamente desvanecidas. Todos se deitam no chão e descansam sob o sol.

Hora da brincadeira!

O educador guia as crianças passo a passo:

- Todos ficam em pé, deixando bastante espaço à sua volta, para poder pular e dançar sem tocar o companheiro do lado.
- Vocês são as flores no campo. Eu sou o sol.
- Os meus braços indicam seis horas. (Colocar os braços para baixo.)
- As flores estão animadas, pulando e dançando no mesmo lugar, rindo... Cada um escolhe o que fazer.

(Os braços sobem pouco a pouco: são sete horas, oito horas, nove horas. As flores ainda estão em boas condições... Dançam, pulam, riem ao sol...)

- Agora são dez horas. As flores começam a sentir calor, dançam e pulam cada vez menos.
- Olhem para os meus braços. São onze horas. As flores murcham lentamente. Fiquem moles e deixem os braços e o corpo cair para frente.
- Agora é meio-dia. Todos se deitam no chão, as flores estão completamente secas, com muita sede.
- Cada um pode se levantar para beber um gole de água e voltar para o seu lugar para continuar a descansar (ou se senta em silêncio).

A FONTE

6 horas

9 horas

11 horas

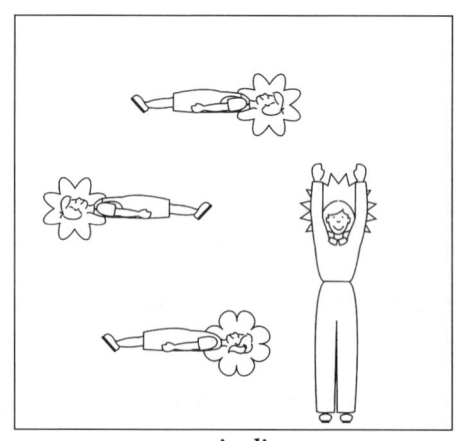

meio-dia

A FORMIGA

Planejamento

Objetivo: Conduzir a criança a um estado de tranquilidade, adotando uma postura de relaxamento.

Atividade: Cada um constroi um castelo de areia com seu corpo, para que uma formiguinha possa entrar nele.

Preparação: Calcular um espaço suficiente para que as crianças possam se deitar no chão sem esbarrar no companheiro ao lado. Para um grupo de mais ou menos trinta crianças, delimitar um espaço com a dimensão aproximada de uma cancha de tênis (13m x 6m). Se possível, reduzir a iluminação.

Descrição da brincadeira

O educador explica a brincadeira às crianças, imitando os movimentos, se necessário:

- Vamos fazer a brincadeira da formiga!
- Onde moram as formigas? (... na terra, numa casa, num castelo de areia...)
- Primeiro vou explicar a brincadeira, enquanto vocês prestam atenção e observam. Depois, juntos, praticamos.
- No início, todos ficam sentados.
- Quando eu disser "Hora da brincadeira!", o corpo toma a forma de um castelo de areia. Podem inclinar a cabeça para frente, curvar as costas e passar os braços em volta das pernas para formar um castelo de areia.

- Quando o castelo estiver bem feito e imóvel, uma formiguinha entra lá dentro. Minha mão é a formiguinha e os meus dedos vão subindo devagar pelos seus braços até chegar aos ombros.
- Quando a formiguinha tocar no ombro, podem se sentar tranquilamente, a brincadeira terminou.

Hora da brincadeira!

O educador guia as crianças passo a passo:

- Todos ficam sentados.
- "Hora da brincadeira!" – cada um forma com o seu corpo um castelo de areia para abrigar as formiguinhas.
- Agora que os castelos estão bem construídos e imóveis, uma formiguinha vai entrar (subir com os dedos, devagar, um atrás do outro, pelas costas de cada criança, até chegar aos ombros).
- Quando a formiguinha tocar seu ombro, você pode sentar devagar.

A FORMIGA

castelo – descansar

relaxar – a formiguinha sobe

Opções

As crianças também podem fazer o papel da formiga para que a brincadeira termine em menos tempo.

Pode-se sugerir que as crianças construam o castelo em dupla ou em grupos de três.

A brincadeira pode ser feita em duplas: uma criança constroi o castelo enquanto a outra conta em voz baixa de 1 a 20. Ao chegar a vinte, invertem os papéis.

O BOLO DE ANIVERSÁRIO

Planejamento

Objetivo: Conduzir as crianças a um estado de tranquilidade através da inspiração e expiração.

Atividade: Cada um faz de conta que apaga todas as velas de um bolo de aniversário.

Preparação: Calcular um espaço suficiente para que as crianças possam se sentar lado a lado sem se tocar, formando duplas. Se necessário, traçar duas linhas, uma em frente à outra, deixando um metro entre as duas. Se possível, reduzir a iluminação.

Descrição da brincadeira

O educador explica a brincadeira às crianças, imitando os movimentos, se necessário:

- Vamos fazer a brincadeira do bolo de aniversário.
- Primeiro vou explicar a brincadeira, enquanto vocês prestam atenção e observam. Depois, juntos, praticamos.
- No início vamos formar duas fileiras, uma em frente à outra, mas sentados de costas para os companheiros da outra fileira. (Isso evita que um sopre no rosto do outro.) Eu sento no final, entre as duas fileiras.
- Cada um faz de conta que tem um bolo de aniversário na sua frente.
- Quando eu cantar "Parabéns pra você, nesta data querida...", inspiram bem fundo, enchendo a barriga e levantando os ombros.
- Quando estiverem cheios de ar, sopram forte sobre as velas do bolo. Ao soprar, descem os ombros, fazendo a barriga ficar achatada ou afundada.

- Então vou dizer "Viva!" e as velas se acendem novamente.
- Quando eu cantar novamente "Parabéns pra você...", cada um faz outra inspiração bem profunda. Depois, sopra as velas novamente, soltando o ar com bastante força.
- Terminamos a brincadeira batendo palmas todos juntos até eu levantar a mão.

Hora da brincadeira!

O educador guia as crianças passo a passo:

- Vamos dividir o grupo em dois. O primeiro grupo senta em fila, com as pernas cruzadas, um ao lado do outro, sem se tocar. O segundo grupo coloca-se em frente ao primeiro, também com as pernas cruzadas, formando uma fila, um ao lado do outro, sem se tocar.
- Todos se viram de costas de modo a não ver o rosto do companheiro da frente. Eu sento no final entre as duas filas.
- Cada um faz de conta que tem um bolo de aniversário na sua frente, com muitas velas.
- Quando eu cantar, todos respiram bem fundo, enchendo a barriga e levantando os ombros.
- "Parabéns pra você, nesta data querida..."
- Agora soprem as velas com toda a força. Os ombros se abaixam e a barriga fica achatada ou para dentro.
- "Viva!" As velas se acendem novamente.
- "Parabéns pra você..."
- Todos respiram fundo de novo, como da primeira vez, e sopram as velas abaixando os ombros e encolhendo a barriga.
- "Viva!"

(Acender as velas três ou quatro vezes.)

- Todo mundo bate palmas comigo. Quando eu levantar a mão, todos param e ficam em silêncio. Acabou a brincadeira.

O BOLO DE ANIVERSÁRIO

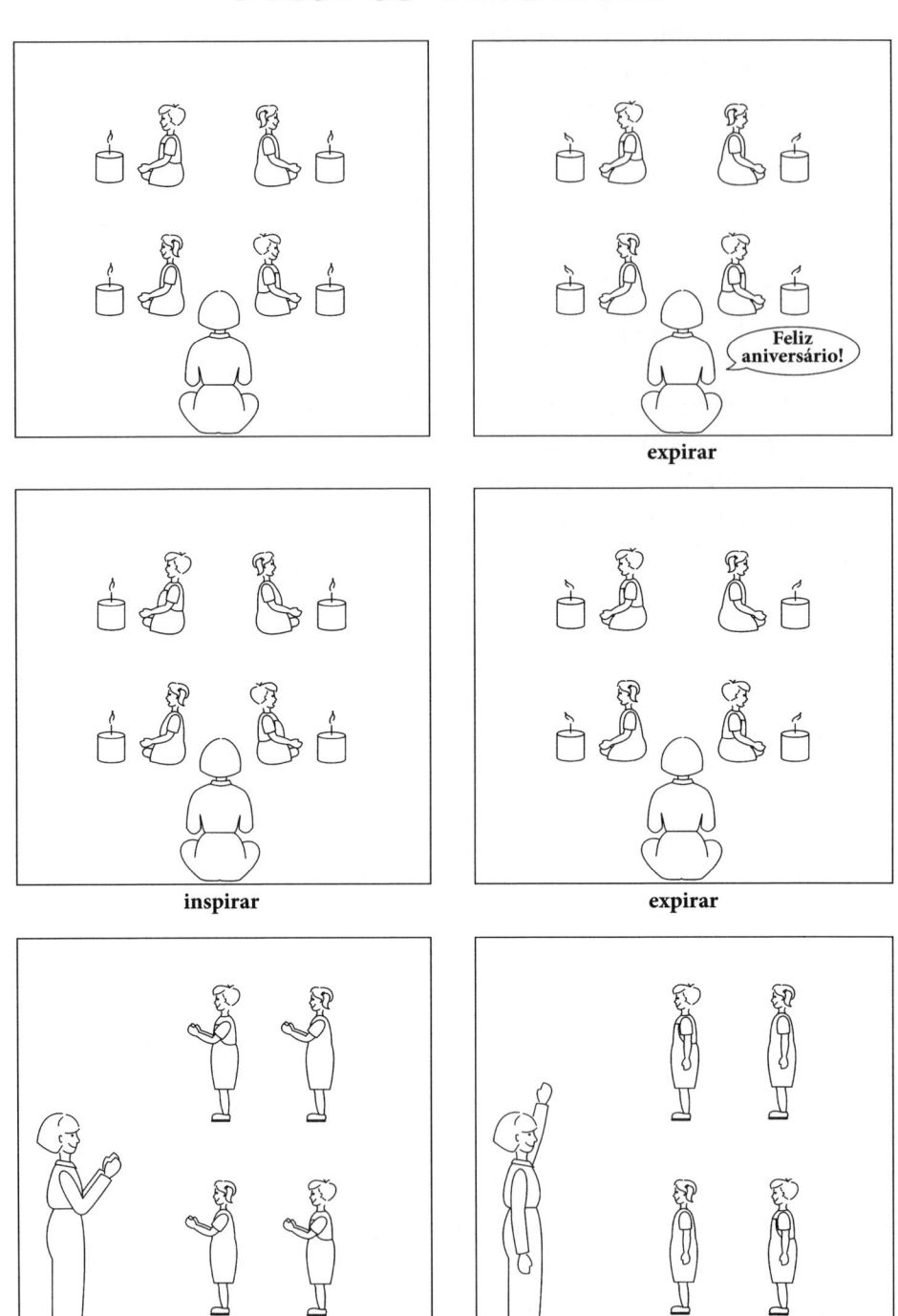

expirar

Feliz aniversário!

inspirar

expirar

bater palmas

O HOMEM FORTE E A MULHER FORTE

Planejamento

Objetivo: Conduzir a criança à liberação da tensão através de movimentos de contração e relaxamento.

Atividade: Cada um segura uma casa imaginária acima da cabeça durante algum tempo e depois a soltam de uma só vez.

Preparação: Calcular um espaço suficiente para que todos possam se abaixar sem tocar o companheiro ao lado. Para um grupo de cerca de trinta crianças, delimitar um espaço com a dimensão aproximada de uma cancha de tênis (13m x 6m). Se possível, reduzir a iluminação.

Descrição da brincadeira

O educador explica a brincadeira às crianças, imitando os movimentos, se necessário:

- Vamos fazer a brincadeira do homem forte e da mulher forte.
- Primeiro vou explicar a brincadeira enquanto vocês prestam atenção e observam. Depois, juntos, praticamos.
- Todos ficam de pé.
- Cada um faz força para levantar uma enorme casa imaginária. Para isso, dobram um pouco os joelhos e inclinam o corpo para frente para pegar a casa pela base.
- Em seguida, levantam a casa devagar, fazendo muita força.
- Quando a casa estiver lá no alto, vocês a deixam cair.
- Vão fazer isto algumas vezes. Na última vez, depois de deixar a casa cair, deitam devagar e relaxam completamente para descansar.

Hora da brincadeira!

O educador guia as crianças passo a passo:

- Todos ficam em pé e verificam se há espaço suficiente para se inclinarem sem tocar o companheiro do lado.
- Imaginem que há uma casa enorme na sua frente. Cada um vai levantar a sua casa. Para isso, dobram um pouco os joelhos e inclinam o corpo para frente, pegando a casa pela parte de baixo.
- Levantar fazendo bastante força... a casa é muito pesada. Levantem os braços o mais alto possível.
- Agora, todos deixam a casa cair. Dobrar ligeiramente os joelhos, inclinar o corpo para frente e abaixar os braços, balançando-os lentamente.

(Pedir às crianças que recomecem duas ou três vezes.)

- Esta é a última vez. Todos pegam a casa pela parte de baixo e a levantam até o alto dos braços, fazendo muita força.
- "Agora deixem a casa cair!" Já estão realmente muito cansados e sem energia.
- Todos se deitam devagar e relaxam completamente para descansar.

O HOMEM FORTE E A MULHER FORTE

de pé   fazer força

relaxar · fazer força

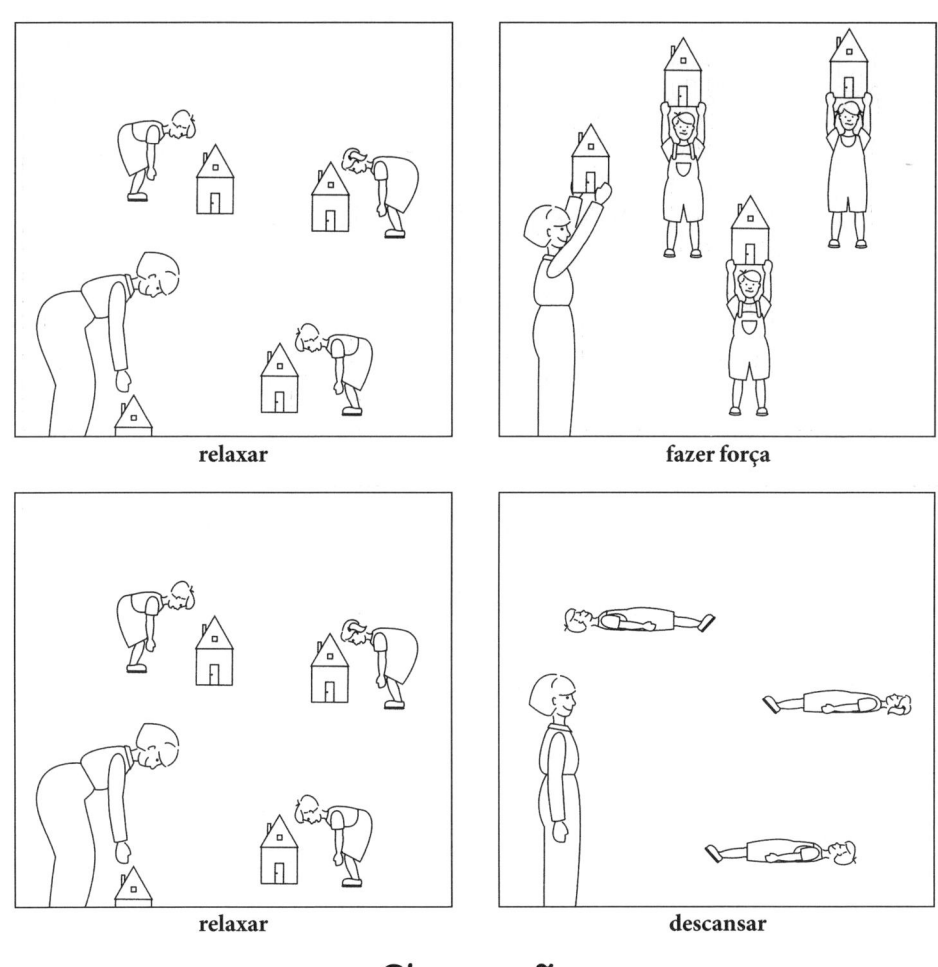

relaxar · descansar

Observação

As crianças devem inspirar quando fizerem força e expirar ao relaxar.

O RELÓGIO SOLAR

Planejamento

Objetivo: Levar a criança a um estado de descontração muscular executando movimentos de alongamento e relaxamento.

Atividade: Cada criança usa o corpo como um relógio, para indicar as horas, do meio-dia às seis horas.

Preparação: Calcular um espaço suficiente para que possam formar um grande círculo, sem tocar no companheiro quando estiverem deitados com os braços abertos. Se possível, reduzir a iluminação.

Descrição da brincadeira

O educador explica a brincadeira às crianças, imitando os movimentos, se necessário:

- Vamos fazer a brincadeira do relógio solar.
- Primeiro vou explicar a brincadeira, enquanto vocês prestam atenção e observam. Depois, juntos, praticamos.
- Para começar, todos formam um círculo e se deitam de costas.
- Quando eu disser "É meio-dia!", colocam os braços unidos acima da cabeça, esticando-os o mais possível.
- Quando eu disser "Uma hora!", descem um pouco os braços, esticando-os novamente. E assim vão descendo os braços pouco a pouco, à medida que eu digo as horas.
- Às seis horas os braços ficam ao lado do corpo. Então, todos descansam.

- Quando eu chamar o nome de alguém, ele imita um raio de sol, se estira e se levanta devagar.

Hora da brincadeira!

O educador guia as crianças passo a passo:

- Vamos formar um círculo. Verificar se há espaço suficiente para abrir os braços na horizontal. Todos se deitam de costas no chão.
- "É meio-dia." Todos levantam os braços e os unem acima da cabeça. Eles são os ponteiros do relógio. Para indicar este horário esticá-los o mais longe possível.
- "Agora é uma hora." O sol começa a ficar menos quente. Descer um pouco os braços para indicar uma hora e esticá-los novamente. (Se as crianças sabem ver as horas, pode-se dizer "cinco minutos para uma hora etc.")
- "São duas horas" (ou dez minutos para as duas horas). Descer os braços um pouco mais.

(Pedir às crianças para indicar as três, quatro e cinco horas.)

- "Agora são seis horas." Colocar os braços ao lado do corpo e descansar.
- Vou chamar o nome de alguém, que imitará um raio de sol que desperta e se espreguiça. Depois, pode se levantar devagar.

O RELÓGIO SOLAR

de pé

alongar — Meio-dia!

relaxar — Uma hora!

relaxar — Duas horas!

relaxamento completo — Seis horas!

alongar

BRINCADEIRA RÁPIDA DE DEZ SEGUNDOS

Planejamento

Objetivo: Conduzir rapidamente a criança a um momento de relaxamento.

Atividade: Cada um deve unir as mãos silenciosamente durante um curto espaço de tempo, como durante dez segundos.

Preparação: Calcular um espaço suficiente para que as crianças se sintam à vontade em seu ambiente. Para um grupo de cerca de trinta crianças, delimitar um espaço com a dimensão aproximada de uma cancha de tênis (13m x 6m). Se possível, reduzir a iluminação.

Descrição da brincadeira

O educador explica a brincadeira às crianças, imitando os movimentos, se necessário:

- Vamos fazer uma brincadeira rápida de dez segundos.
- Primeiro vou explicar a brincadeira, enquanto vocês prestam atenção e observam. Depois, juntos, praticamos.
- Todos ficam sentados.
- Quando eu disser "Um!", a brincadeira começa.
- Vamos unir as mãos e inclinar a cabeça em direção ao chão (podem deixar os olhos semicerrados ou fechá-los completamente).
- Então contamos até dez dentro da nossa cabeça.
- Quando eu disser "Dez!", a brincadeira termina.

Hora da brincadeira!

- "Um!"
- Inclinar a cabeça em direção ao chão, com os olhos fechados ou semi-cerrados. Contar até dez em silêncio.
- "Dez!"
- A brincadeira terminou. Cada um pode se levantar calmamente e se dirigir à próxima atividade.

BRINCADEIRA RÁPIDA DE DEZ SEGUNDOS

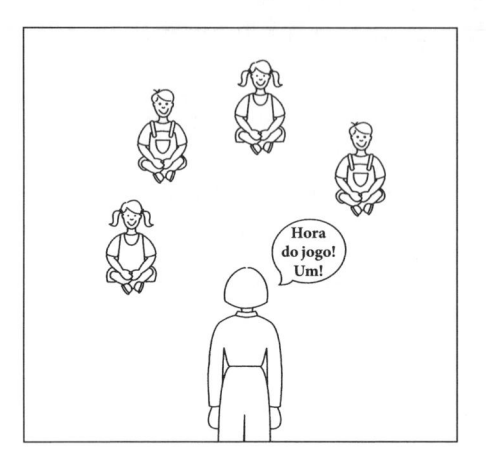

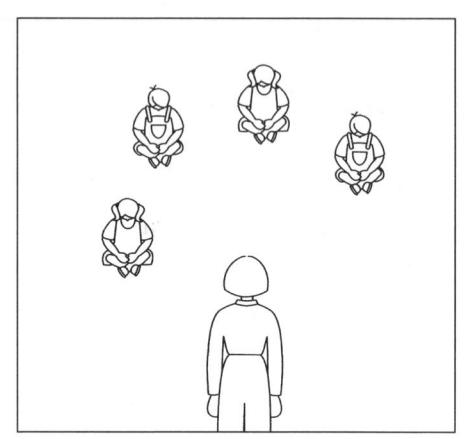

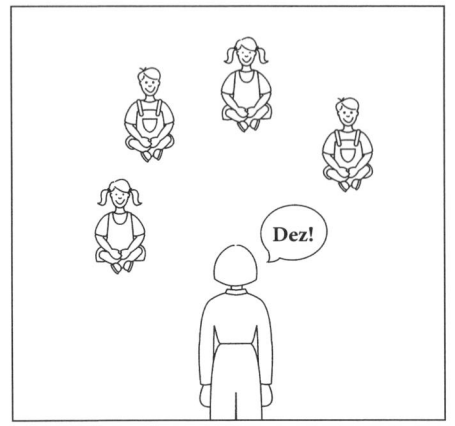

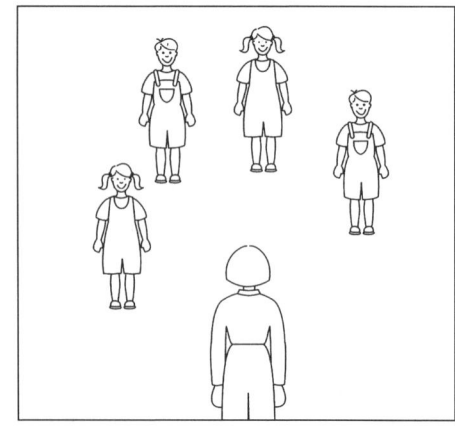

Observação

Se for necessário, repetir a brincadeira mais uma vez.

O LENÇO INVISÍVEL

Planejamento

Objetivo: Conduzir a criança a um estado de relaxamento através de movimentos de sacudidelas.

Atividade: Cada um brinca com um lenço invisível, como se estivesse coberto de cola.

Preparação: Calcular um espaço suficiente para que as crianças possam fazer movimentos de grande amplitude sem tocar o companheiro ao lado. Para um grupo de cerca de trinta crianças, delimitar um espaço com a dimensão aproximada de uma cancha de tênis (13m x 6m). Se possível, reduzir a iluminação.

Descrição da brincadeira

O educador explica a brincadeira às crianças, imitando os movimentos, se necessário:

- Vamos fazer a brincadeira do lenço invisível.
- Primeiro vou explicar a brincadeira, enquanto vocês prestam atenção e observam. Depois, juntos, praticamos.
- Cada um faz de conta que tem um lenço invisível ao seu lado no chão.
- Quando eu bater palmas três vezes cada um pega o lenço invisível e o coloca no lugar que escolher.
- Só tem um pequeno problema: o lenço está cheio de cola invisível! Então, o que fazer para se soltar dele? Sacudir a mão energicamente para que se descole.

- Quando eu bater de novo palmas três vezes, o lenço finalmente vai se descolar e cair no chão.

- Na sequência vou dizer o nome de uma parte do corpo com a qual cada um vai pegar o lenço para colocá-lo de novo no lugar que escolheu. Posso dizer "pé direito, cotovelo esquerdo, joelho esquerdo etc.".

- Quando eu disser para pegar o lenço com o corpo inteiro, todos se deitam no chão e sacodem o corpo inteiro, porque ele está cheio de cola. Como tem muita cola, vocês ficam grudados no chão junto com o lenço.

- Quando estiverem completamente colados e sem se mexer mais, direi o nome de alguém – que pode voltar ao seu lugar ou continuar a relaxar para sentir os benefícios das sacudidelas.

Hora da brincadeira!

O educador guia as crianças passo a passo:

- Cada um escolhe um lugar na sala. Verificar se há espaço suficiente para se movimentar sem tocar o companheiro ao lado.

- (Bater palmas três vezes.) Cada um olha para o lenço invisível que está no chão ao seu lado e o pega com a mão direita para colocá-lo no lugar que escolheu.

- "Soltar o lenço!" Ele está cheio de cola. Sacudir bastante a mão para tentar se livrar dele.

- (Bater palmas três vezes.) "O lenço finalmente cai no chão!"

- "Agora, pegar o lenço com o ombro direito." Cada um tenta colocar o lenço no lugar mas ele está cheio de cola! Sacudir o ombro direito para se livrar dele. Sacudir mais e mais!

- (Bater palmas três vezes.) O lenço finalmente cai no chão.

- "Pegar o lenço com o pé esquerdo." Novamente vocês não conseguem se soltar dele porque está cheio de cola. Sacudir bastante o pé esquerdo.

- (Bater palmas três vezes.) "O lenço cai no chão!" Agora é a vez do pé direito recolher o lenço. Ele fica colado no pé, todos sacodem o pé para se soltar dele.
- (Bater palmas três vezes.) "Muito bem! O lenço cai no chão!"
- Agora, todos pegam o lenço com todo o corpo, deitando-se no chão. Sacudir bastante todo o corpo, porque o lenço está colado dos pés à cabeça.
- Todos estão cansados, sem forças e colados no chão junto com o lenço. "Agora param de se mexer e descansam!" (Deixar as crianças assim durante alguns segundos.)
- Vou chamar o nome de alguém, que se levanta e se dirige à próxima atividade, ou então fica deitado no chão por mais alguns minutos.
- A brincadeira acabou e todos podem se levantar tranquilamente.

O LENÇO INVISÍVEL

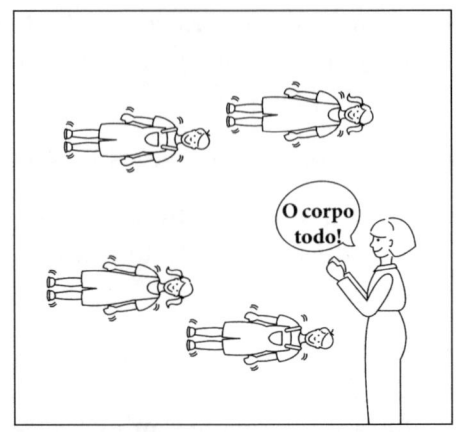

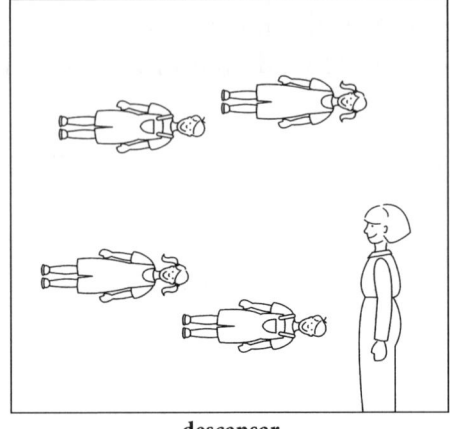

descansar

Observação

Quando nomear partes da cabeça, recomendar às crianças que sacudam devagar, para que não fiquem tontos.

A MÚSICA E SEUS INSTRUMENTOS

Planejamento

Objetivo: Conduzir a criança a um estado de tranquilidade através de movimentos enérgicos seguidos de movimentos mais leves.

Atividade: Cada criança cria sua própria música a partir de instrumentos imaginários.

Preparação: Calcular um espaço suficiente para que as crianças possam sair do lugar e se movimentar à vontade, sem tocar o companheiro ao lado. Para um grupo de cerca de trinta crianças, delimitar um espaço com a dimensão aproximada de uma quadra de vôlei (18m x 9m). Se possível, reduzir a iluminação.

Descrição da brincadeira

O educador explica a brincadeira às crianças, imitando os movimentos, se necessário:

- Vamos fazer a brincadeira da música e seus instrumentos.
- Primeiro eu explico a brincadeira, enquanto vocês prestam atenção e observam. Depois, juntos, praticamos.
- Antes, cada um pode me dizer o nome de diferentes tipos de instrumentos musicais (violão, piano, flauta, bateria, guitarra, trompete...).
- E também o nome de diferentes estilos de música (rock, música suave, clássica, forte, rap...)

- Então vou dizer o nome de um instrumento e de um tipo de música, como por exemplo, um violão suave.
- Cada um vai fazer de conta que tem um violão e começa a tocar suavemente.
- Quando eu apitar (ou tocar tambor etc.) é hora de trocar de instrumento e de estilo de música.
- A brincadeira termina com uma música de piano muito lenta. A música é tão suave que o pianista adormece sobre o teclado.
- Cada um vai imitar este pianista e fazer de conta que está dormindo. Podem ficar com os olhos abertos ou fechados, como preferirem. O importante é não se mexer. Vou tocar o ombro de um de vocês que, por sua vez, vai tocar o ombro de um companheiro antes de voltar para o seu lugar (ou se dirigir para a próxima atividade).

Hora da brincadeira!

O educador guia as crianças passo a passo:

- Começamos a brincadeira tocando uma flauta muito suave.
- Podem passear tocando a flauta enquanto eu ouço suas lindas melodias.
- (Apitar ou tocar tambor.) "Agora, cada um toca um trompete, bem alto!"
- (Apitar ou tocar tambor.) "Todos começam a tocar um tambor, bem forte!"
- (Apitar ou tocar tambor.) "Agora é hora de tocar piano, podem sentar ou ficar em pé. Todos tocam bem de leve!"
- Toquem ainda mais baixo. Eu quase nem posso ouvir.
- Como a música é muito suave, todos acabam adormecendo. Façam de conta que estão dormindo em cima do teclado.
- "Agora ninguém mais faz barulho nem se mexe!"
- Quando eu achar que estão todos quietos, vou tocar o ombro de alguém para acordá-lo suavemente. Isto significa que ele pode se levantar devagar e, por sua vez, tocar o ombro de um companheiro antes de voltar para o seu lugar (ou se dirigir à próxima atividade).

A MÚSICA E SEUS INSTRUMENTOS

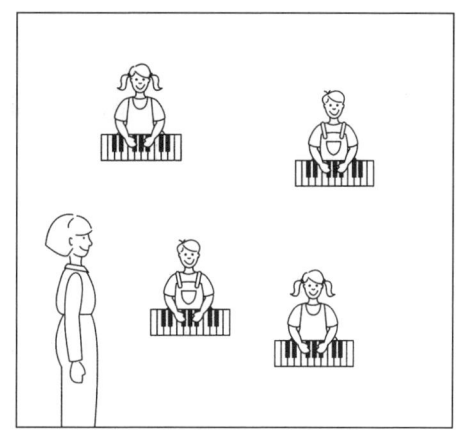

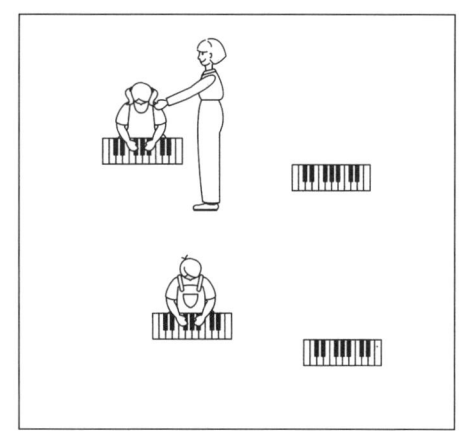

AS NUVENS

Planejamento

Objetivo: Conduzir a criança a um estado de repouso através de movimentos ritmados.

Atividade: Cada criança imita um céu cheio de nuvens que progressivamente se transforma num céu completamente azul.

Preparação: Calcular um espaço suficiente para que as crianças possam se deitar e mover as pernas e os braços sem tocar o companheiro. Para um grupo de cerca de trinta crianças, delimitar um espaço com a dimensão aproximada de uma cancha de tênis (13m x 6m). Se possível, reduzir a iluminação.

Descrição da brincadeira

O educador explica a brincadeira às crianças, imitando os movimentos, se necessário:

- Vamos fazer a brincadeira das nuvens.

- Primeiro vou explicar a brincadeira, enquanto vocês prestam atenção e observam. Depois, juntos, praticamos.

- Para fazer esta brincadeira podem ficar sentados, deitados, em pé, como quiserem... todos imitam uma nuvem.

- Quando eu bater palmas significa que um vento começou a soprar e a movimentar as nuvens. Cada um escolhe como quer fazer: pode rolar, caminhar, deslizar – sempre ao ritmo de minhas palmas.

- Quando eu parar de bater palmas, o vento terminou e todas as nuvens foram embora. Resta apenas o céu azul. Todos imitam um céu muito calmo não se mexendo mais. Podem descansar deitados de costas, com os braços ao lado das coxas e as pernas descruzadas.

- Então vou chamar o nome de alguém, que se transforma novamente em nuvem e se levanta.

Hora da brincadeira!

O educador guia as crianças passo a passo:

- Quais são as formas das nuvens? (pontudas, alongadas etc.), quais os tamanhos de nuvens? (pequenas, médias, grandes, enormes, mini etc.). Às vezes, as nuvens formam desenhos. Quais são os desenhos das nuvens? (chapéu, cabrito, um fio etc.).
- Cada um escolhe um lugar e imita uma nuvem. Podem se sentar como uma bola ou deitar no chão, dobrar os joelhos ou esticar os braços, ficar em pé...
- Vou bater palmas, um vento forte começa a soprar e a movimentar as nuvens.
- Todos se movimentam ao ritmo das minhas palmas. Podem andar, deslizar, rolar... cada um faz do seu jeito.
- Vou parar de bater palmas — isto significa que o vento parou de soprar e que todas as nuvens se foram.
- Pronto! Não há mais vento, apenas o céu azul, completamente calmo. Para imitar este céu, todos se deitam de costas, com as pernas descruzadas e os braços ao lado do corpo. Relaxem. (Deixar as crianças descansar durante alguns instantes.)
- Vou chamar o nome de alguém que se transforma em nuvem e se levanta devagar para passear no céu azul. Depois, pode se dirigir à próxima atividade.

AS NUVENS

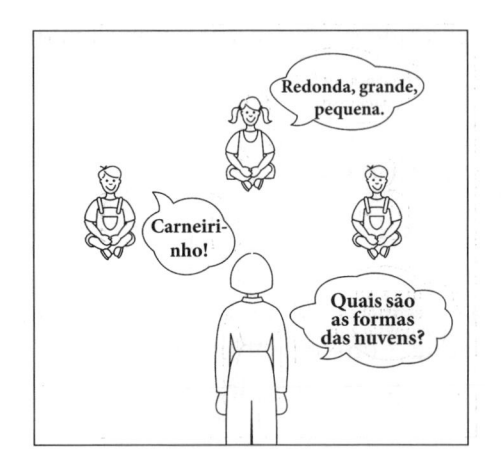

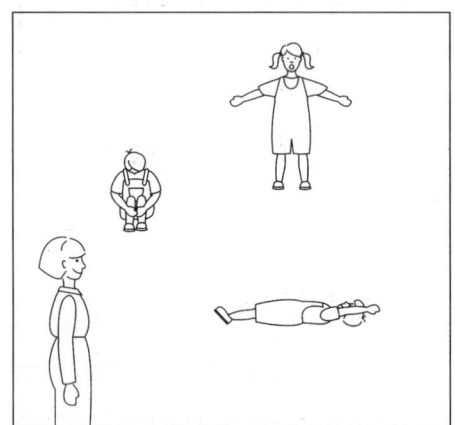

Redonda, grande, pequena.

Carneirinho!

Quais são as formas das nuvens?

nuvens

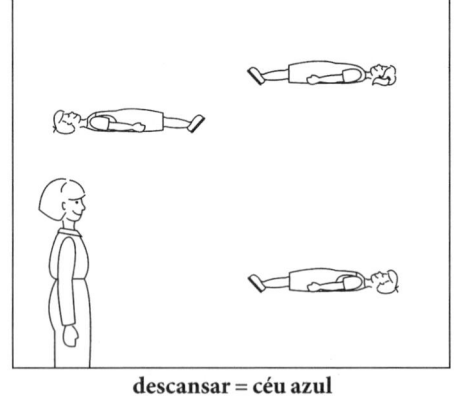

movimentar = vento

descansar = céu azul

A TEMPESTADE

Planejamento

Objetivo: Levar a criança a liberar a tensão através de movimentos de contração e relaxamento.

Atividade: Cada criança imita a tempestade e a calma após o temporal.

Preparação: Calcular espaço suficiente para que as crianças, uma vez acomodadas em pé formando uma roda, possam se movimentar livremente sem tocar o companheiro ao lado. Se possível, reduzir a iluminação.

Descrição da brincadeira

O educador explica a brincadeira às crianças, imitando os movimentos, se necessário:

- Vamos fazer a brincadeira da tempestade.
- Primeiro eu explico a brincadeira, enquanto vocês prestam atenção e observam. Depois, juntos, praticamos.
- De início, formamos uma roda.
- Eu vou descrever a tempestade, que vai aumentando, e todos a imitam à medida que eu for descrevendo. Podem se mexer de várias maneiras para imitar a chuva, o trovão, o relâmpago, mas sem sair do lugar.
- Depois a tempestade vai acalmar.
- Quando não houver mais nuvens no céu, podem se deitar no chão e imitar um raio de sol.
- Quando todos estiverem bem relaxados e sem se mexer, chamarei o nome de alguém, que se levantará devagar. A brincadeira terminou.

Hora da brincadeira!

O educador guia as crianças passo a passo:

- Todos formam uma roda e verificam se há espaço suficiente para se movimentar livremente sem tocar o companheiro do lado.
- Vou descrever a tempestade e todos fazem os gestos correspondentes.
- Como se imita a chuva? (...andando no mesmo lugar, batendo com as mãos nas coxas, por exemplo.)
- O que mais acontece numa tempestade? (trovões, relâmpagos etc.)
- Agora uma chuva leve começa a cair.
- A chuva continua a cair mais forte. Todos batem os pés ou as mãos com mais força.
- A chuva está ainda muito mais forte e mais rápida.
- De repente, o estrondo de um trovão. Podem imitar o barulho com a voz, ou dar um pulo bem alto, como quiserem.
- A chuva continua caindo.
- Agora, o clarão forte do relâmpago. Para imitar o relâmpago podem esticar os braços para os lados e movê-los para cima e para baixo.
- Outro trovão.
- Outro relâmpago.
- A chuva continua caindo...
- Agora, a chuva começa a cair mais leve... bem mais leve.
- A chuva parou. O céu está azul e o sol brilha. Todos se deitam no chão e se transformam num tranquilo raio de sol.
- É a calma depois da tempestade. Todos os raios de sol estão relaxados, descansando.
- Vou chamar o nome de alguém, que se levanta calmamente, em silêncio.
- A brincadeira terminou.

A TEMPESTADE

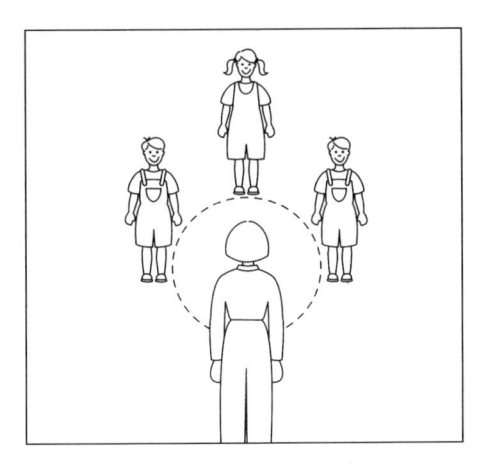

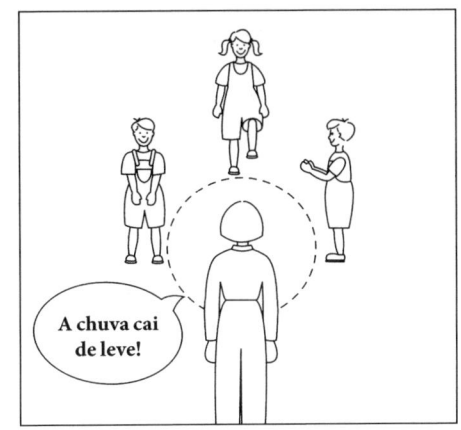

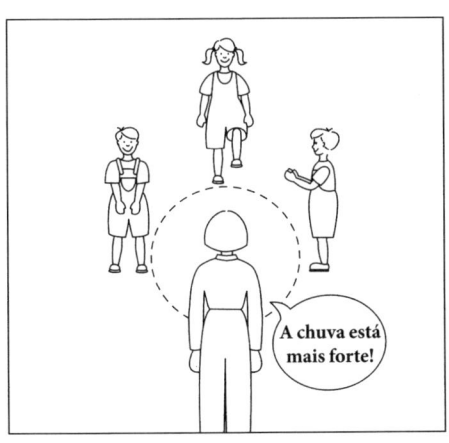

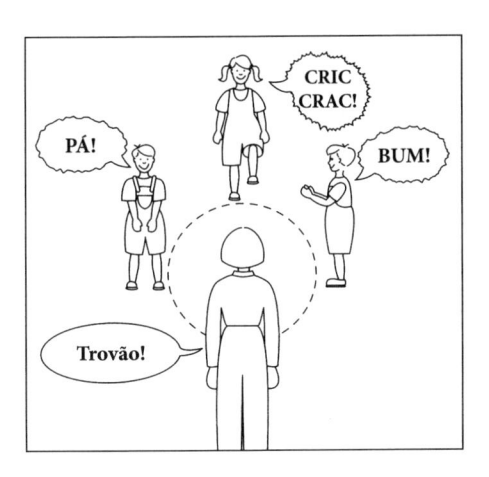

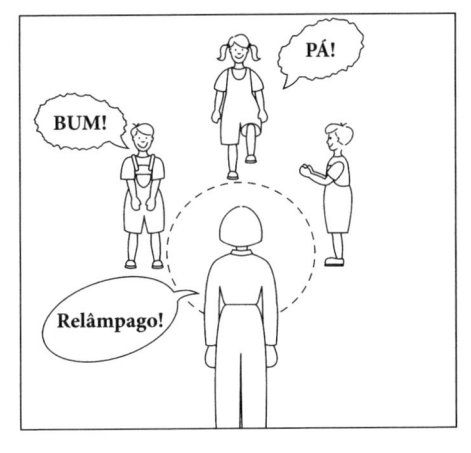

(1)

(2) A chuva cai de leve!

(3) A chuva está mais forte!

(4) Mais forte, mais rápido!

(5) PÁ! / CRIC CRAC! / BUM! / Trovão!

(6) BUM! / PÁ! / Relâmpago!

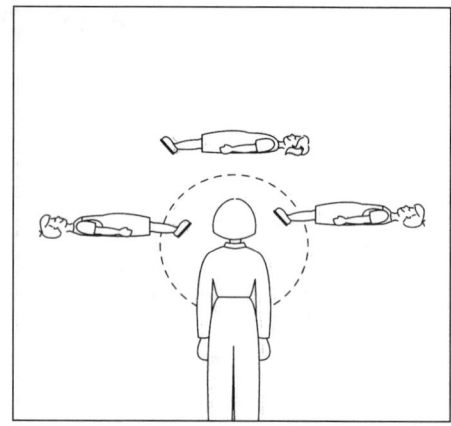

A BORBOLETA

Planejamento

Objetivo: Conduzir a criança a um estado de tranquilidade através do estiramento de todo o corpo, seguido de um relaxamento total.

Atividade: Cada um toma a forma das diferentes fases da borboleta.

Preparação: Calcular espaço suficiente para que as crianças possam se deitar no chão sem tocar o companheiro ao lado. Para um grupo de cerca de trinta crianças, delimitar um espaço com a dimensão aproximada de uma cancha de tênis (13m x 6m). Se possível, reduzir a iluminação.

Descrição da brincadeira

O educador explica a brincadeira às crianças, imitando os movimentos, se necessário:

- Vamos fazer a brincadeira da borboleta.

- Primeiro vou explicar a brincadeira, enquanto vocês prestam atenção e observam. Depois, juntos, praticamos.

- No início todos ficam sentados.

- Quais são as fases da borboleta? (... larva, casulo, borboleta.)

- Então eu vou dizer o nome de cada uma das fases da borboleta e vocês vão imitar uma a uma.

- Quando eu disser "Larva!", todos começam a se esticar lentamente até se esticar completamente, relaxam e ficam deitados no chão.

- Quando eu disser "Casulo!", todos se enrolam e encostam as coxas no peito com os braços em volta das pernas e a cabeça apoiada nos joelhos, imitando um casulo.
- Quando eu disser "Borboleta!", levantam devagar e imitam a borboleta, elevando os braços como se fossem asas.

Hora da brincadeira!

O educador guia as crianças passo a passo:

- Todos se sentam, deixando um espaço para poder esticar os braços sem tocar no companheiro do lado.
- Agora, cada um vai imitar as diferentes fases da borboleta à medida que eu as nomear.
- "Larva!" Lentamente todos se esticam completamente e ficam deitados no chão.
- "Casulo!" Lembrem da posição.
- Quando eu disser "Borboleta!" e o nome de alguém, ele se levanta devagar e imita a borboleta, usando os braços como se fossem asas. Depois, volta a se sentar lentamente.

A BORBOLETA

Quais são as três fases da borboleta?

larva = esticado

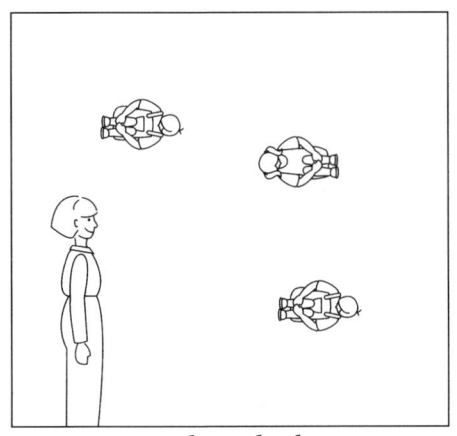

casulo = redondo

borboleta = voando

A PESCA

Planejamento

Objetivo: Conduzir a criança ao relaxamento passando da mobilidade à imobilidade.

Atividade: Cada criança brinca como se fosse um peixe dentro d'água e se esconde no mar com a chegada de um barco.

Preparação: Calcular um espaço suficiente para que as crianças possam se movimentar sem tocar o companheiro ao lado. Para um grupo de mais ou menos trinta crianças, delimitar um espaço com a dimensão aproximada de uma quadra de vôlei (18m x 9m). Se tiver um espaço maior, pode aproveitá-lo. Como as crianças se escondem atrás das algas e das conchas, colocar alguns objetos pelo chão ou mencionar que estes elementos estão representados, por exemplo, pelas linhas do ginásio. Se possível, reduzir a iluminação.

Descrição da brincadeira

O educador explica a brincadeira às crianças, imitando os movimentos, se necessário:

- Vamos fazer a brincadeira da pesca.
- Eu começo explicando a brincadeira, enquanto vocês prestam atenção e observam. Depois, juntos, praticamos.
- Todo o espaço (ginásio, sala de jogos, quadra etc.) representa o oceano e cada um de vocês é um peixe. Podem nadar e saltar, brincando no mar junto com os outros peixes.

- Chega um barco de pesca. Para avisar, vou bater palmas três vezes e dizer: "Barco!".
- Todos os peixes vão se esconder no meio das algas e das conchas. (Indicar o que representa as conchas e as algas.)
- O pescador, eu posso ser o primeiro, começa a pescar e escolhe seu peixe predileto tocando sua cauda. O predileto é aquele que está bem escondido e não se mexe. O peixe escolhido se torna um pescador, toca a cauda de outro peixe e vai se sentar (ou relaxar, ou voltar ao seu lugar) em silêncio.

Hora da brincadeira!

O educador guia as crianças passo a passo:

- Vocês são peixes que nadam e saltam, brincando por todo o oceano. (Deixar as crianças se movimentar durante alguns instantes, depois bater palmas três vezes.)
- "Olhem o barco!" Todos os peixes se escondem atrás das algas e das conchas.
- O pescador vai escolher seu peixe predileto (ele toca a ponta do pé de alguém).
- O peixe escolhido se transforma em pescador e, por sua vez, toca a cauda de outro peixe – a ponta do pé de um companheiro. Em seguida senta-se em silêncio e descansa até que não hajam mais peixes para pescar.

A PESCA

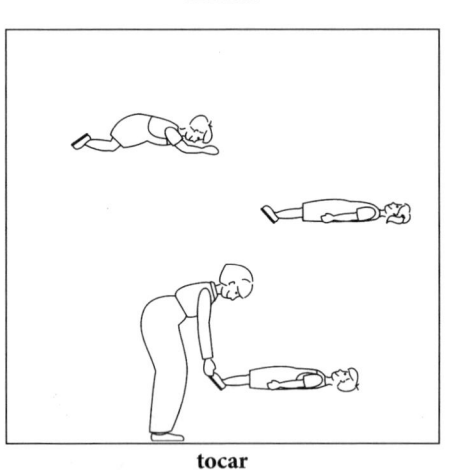

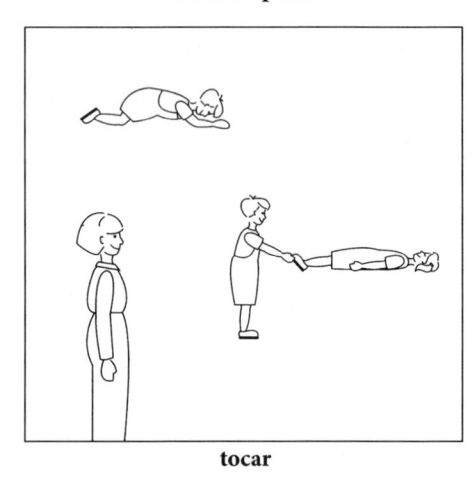

brincar

barco de pesca

tocar

tocar

PESCANDO NA CANOA

Planejamento

Objetivo: Levar as crianças a um estado de descontração muscular através da execução de movimentos de contração e relaxamento.

Atividade: Cada criança faz de conta que é um pescador silencioso pescando peixes muito grandes.

Preparação: Calcular um espaço suficiente para que as crianças possam fazer amplos movimentos com os braços sem tocar os companheiros. Para um grupo de cerca de trinta crianças, delimitar um espaço com a dimensão aproximada de uma quadra de vôlei (18m x 9m). Se dispuser de um espaço maior, pode aproveitá-lo. Se possível, reduzir a iluminação.

Descrição da brincadeira

O educador explica a brincadeira às crianças, imitando os movimentos, se necessário:

- Vamos fazer a brincadeira da pesca na canoa.
- Primeiro vou explicar a brincadeira, enquanto vocês prestam atenção e observam. Depois, juntos, praticamos.
- Todo o espaço da brincadeira representa um grande lago cheio de peixes.
- Quando eu disser "Hora da brincadeira!", vocês vestem seu colete salva-vidas. Em seguida, fazem de conta que entram numa canoa e começam a remar no lago. (Dizer às crianças que estão sozinhas em seus barcos.)
- Depois, quando quiserem, páram de remar e pegam a linha de pesca. Como os pescadores, engancham uma isca no anzol e a jogam na água. Em silêncio, observam atentamente para ver se algum peixe está mordendo a isca. Porque se faz silêncio durante a pescaria? (... porque o barulho espanta os peixes.)

- Quando todos os pescadores estiverem silenciosos, vou bater palmas três vezes para indicar que há um peixe na ponta da linha. Quanto mais forte eu bater, maior será o peixe. Se ele for enorme, quero ver fazerem muita força para tirar a linha fora da água, até que seus braços e pernas fiquem duros, duros.
- Depois de muito esforço, finalmente conseguem puxar a linha e trazer o peixe para dentro do barco.
- Então tiram o anzol e voltam a pescar para pegar outro peixe. Aproveitem este momento para descontrair e relaxar os músculos dos braços e das pernas.
- Quando eu disser "os peixes não mordem mais", cada um pode arrumar sua vara de pesca, voltar para a beira do lago e descer da canoa.
- A brincadeira termina. Todos podem sentar-se no círculo ou voltar ao seu lugar.

Hora da brincadeira!

O educador guia as crianças passo a passo:

- Vamos começar!
- Cada um veste seu colete salva-vidas, sobe na canoa e se ajoelha, para não cair na água, e rema para o meio do lago. (Deixar as crianças em silêncio durante alguns segundos para que encontrem seu lugar predileto.)
- Quando encontrarem um lugar tranquilo, cada um pára de remar e joga a linha na água.
- Comecem a pescar, observando atentamente a água e lembrando que a pesca é feita em silêncio. (Deixar as crianças em silêncio durante alguns segundos.)
- (Bater palmas com alguma força por três vezes.) É um peixe grandinho. Puxar a linha, fazendo um pouco de força e desenganchá-lo do anzol.
- Jogar novamente a linha na água e continuar a pescar tranquilamente.
- (Bater palmas três vezes com mais força do que na primeira vez.) Ah! Tem outro peixe, e é maior do que o primeiro. Fazer muita força para puxar a linha. Os braços e as pernas ficam duros. Fazer ainda mais força para trazer o peixe para o barco e desenganchá-lo do anzol.

- Jogar novamente a linha na água e continuar a pescar. Aproveitar este momento para se descontrair e relaxar os músculos.

(Bater palmas mais ou menos fortes ainda por duas ou três vezes.)

- "O peixe já não morde mais!" Está na hora de guardar a vara de pesca e levar a canoa para a margem do lago (dar algum tempo às crianças para fechar a vara de pesca e a canoa).
- A brincadeira terminou. (As crianças podem voltar ao seu lugar ou se dirigir à próxima atividade.)

PESCANDO NA CANOA

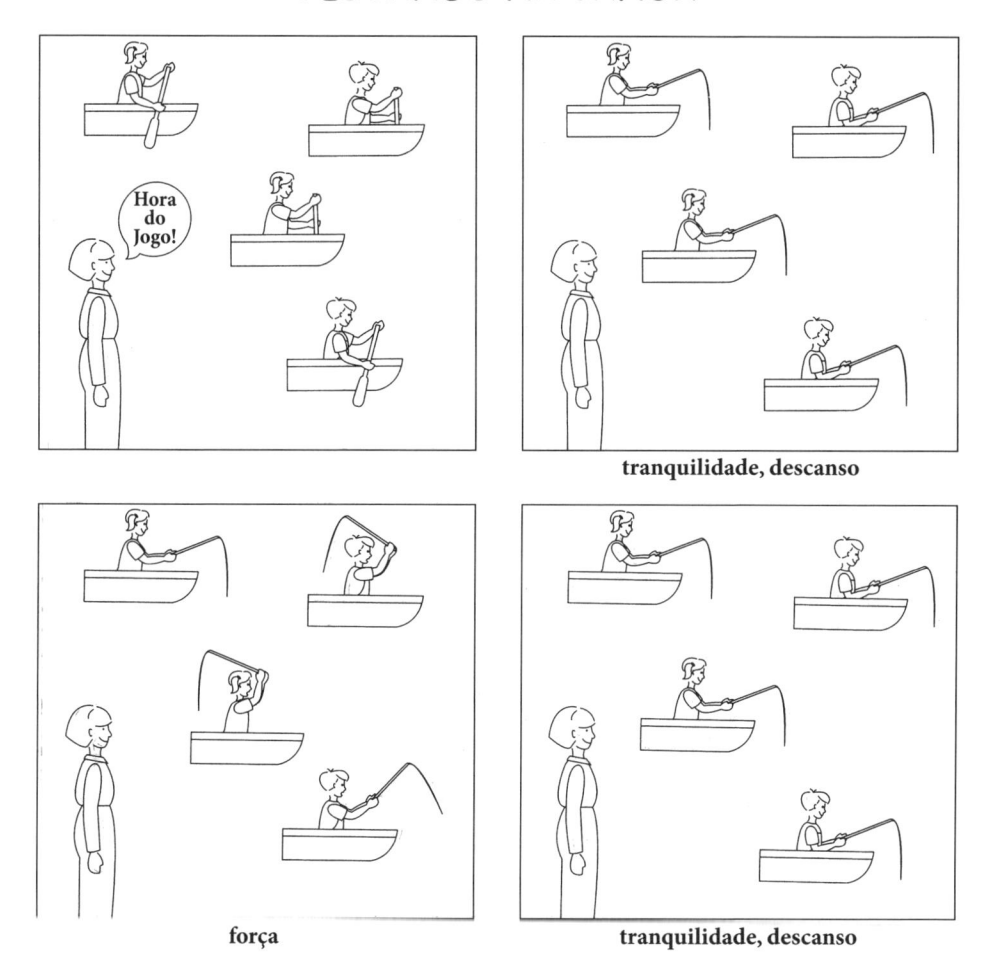

	tranquilidade, descanso
força	tranquilidade, descanso

O PICOLÉ

Planejamento

Objetivo: Conduzir as crianças ao descanso através da execução de movimentos de contração e relaxamento.

Atividade: Cada criança diz que está com calor e depois se transforma em um picolé que se derrete.

Preparação: Calcular um espaço suficiente para que as crianças possam caminhar à vontade. Para um grupo de cerca de trinta crianças, delimitar um espaço com a dimensão aproximada de uma quadra de vôlei (18m x 9m). Se possível, reduzir a iluminação.

Descrição da brincadeira

O educador explica a brincadeira às crianças, imitando os movimentos, se necessário:

- Vamos fazer a brincadeira do picolé.

- Primeiro vou explicar a brincadeira, enquanto vocês prestam atenção e observam. Depois, juntos, praticamos.

- No início, todos se movimentam à vontade: podem correr, andar de lado, pular...

- Quando eu bater palmas três vezes e disser "Sol!", todo mundo diz junto "Ah! Estou com calor!".

- Quando eu disser "Picolé!", todos se transformam em picolé e ficam em pé, bem esticados.

- Assim que todos imitarem um picolé, sou eu que direi: "Ah! Estou com calor!" e todos os picolés começam a derreter até se transformar em líquido. Para derreter, curvar o corpo para frente até se deitar no chão.

- Quando todos estiverem bem relaxados vou dizer o nome de alguns, que poderão se levantar ou continuar descansando.
- A brincadeira termina quando eu der o sinal (tocar a flauta ou qualquer outro sinal convencionado).

Hora da brincadeira!

O educador guia as crianças passo a passo:

- Todos se movimentam ao sol, como quiserem. Podem correr, caminhar de lado, saltar num pé só ou como um sapo... (Deixar que as crianças se movimentem assim por alguns instantes, depois bater palmas três vezes.)
- "Sol!" (Todo mundo diz: "Ai, que calor!")
- "Picolé!" (Todos imitam um picolé: em pé, bem esticados, duros, os braços ao lado do corpo.)
- Agora que todo mundo virou picolé, sou eu que digo: "Ah! Estou com calor!".
- Todos começam a derreter bem devagar. Deixar a cabeça cair, depois os ombros e o corpo. Dobrar os joelhos e se deitar no chão. O picolé virou suco. Os braços estão moles, moles, as pernas estão moles, moles...
- Todos vão ficar assim durante algum tempo para relaxar.
- Vou chamar alguns nomes. Quem eu chamar pode se levantar ou continuar a descansar, como quiserem. Quando eu der o sinal todo mundo se levanta e a brincadeira terminou.

O PICOLÉ

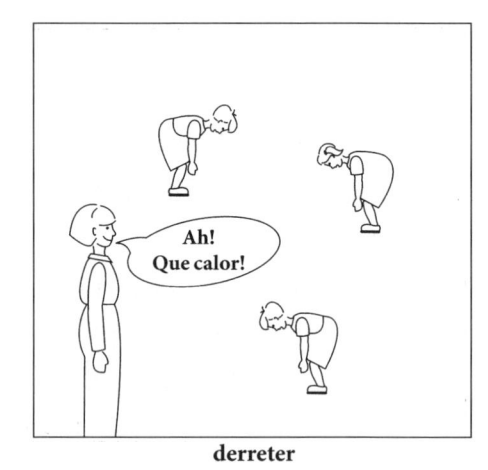

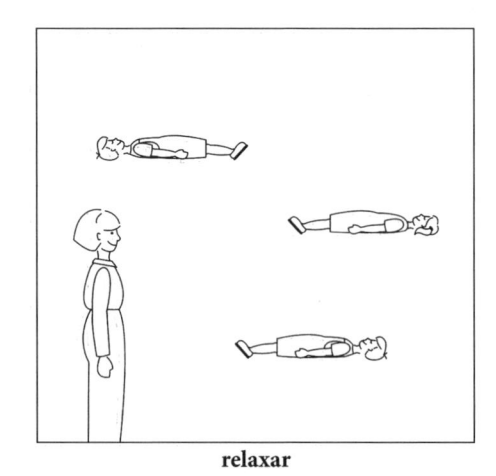

movimento

Vamos brincar!

falar

Ah! Que calor!
Ah! Que calor!
Sol!
Ah! Que calor!

gelar

Picolé!

derreter

Ah! Que calor!

relaxar

A PRIMAVERA

Planejamento

Objetivo: Conduzir as crianças a um estado de relaxação através de movimentos de contração e relaxamento.

Atividade: Cada criança faz de conta que é uma estátua de gelo, que se derrete lentamente e se transforma numa florzinha de primavera.

Preparação: Calcular espaço suficiente para que as crianças possam caminhar à vontade. Para um grupo de cerca de trinta crianças, delimitar um espaço com a dimensão aproximada de uma quadra de vôlei (18m x 9m). Se possível, reduzir a iluminação.

Descrição da brincadeira

O educador explica a brincadeira às crianças, imitando os movimentos, se necessário:

- Vamos fazer a brincadeira da primavera.
- O que acontece na primavera? (...as plantas brotam. As flores começam a se abrir. O sol fica mais quente. Há dias frios e dias mais quentes. Os dias se tornam mais longos.)
- Primeiro vou explicar a brincadeira, enquanto vocês prestam atenção e observam. Depois, juntos, praticamos.
- Quando eu disser "Hora da brincadeira!", todos começam a se mexer — podem correr, andar de lado, imitar um canguru, um coelho, um sapo, dançar...
- Quando eu disser "Congelar!", todos se transformam em bloco de gelo; ficam em pé com os braços abertos e os punhos fechados com força.

- Quando eu disser "Descongelar!", todos começam a derreter deixando cair os dedos, as mãos, os ombros e a cabeça.

- Repito "Congelar!" e todos se transformam novamente em bloco de gelo.

- "Descongelar!", e de novo se derretem até caírem deitados no chão, completamente moles.

- Quando todos estiverem completamente derretidos, chamarei o nome de alguém, que se transforma numa pequena flor e se levanta lentamente.

Hora da brincadeira!

O educador guia as crianças passo a passo:

- Começar a brincadeira! Todos se movimentam à vontade – podem imitar um canguru, um coelho, um sapo, dançar, pular ou correr. Cada um faz o que quiser.

- "Congelar!" Todos congelam no lugar onde estão! Os braços ficam duros, com os punhos fechados com força.

- "Descongelar!" Lentamente, começam a derreter. Deixam cair os dedos, as mãos, os braços, os ombros e a cabeça.

- "Congelar!"

- "Descongelar!" Todos derretem. Podem dobrar os joelhos devagar e se deitar no chão.

- "Congelar!"

- "Descongelar!" Todos derretem completamente. Ficam bem moles. Seu bloco de gelo se converteu em água e está completamente derretido.

- Agora vou chamar o nome de alguém, que se transforma numa pequena flor da primavera. Ele se levanta lentamente e forma uma flor com os braços.

- Todos continuam a relaxar até eu tocar o tambor (ou qualquer outro sinal convencionado) para mostrar que a brincadeira terminou.

A PRIMAVERA

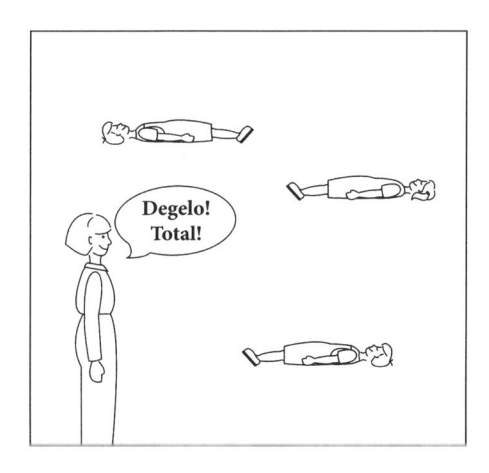

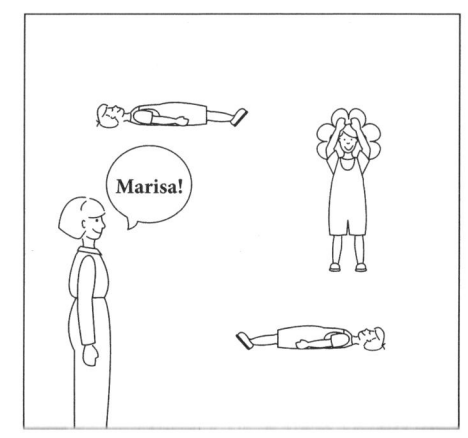

Vamos brincar!

Gelo!

Degelo!

Gelo!

Degelo! Total!

Marisa!

AS PERGUNTAS

Planejamento

Objetivo: Levar a criança a se descontrair através de movimentos de estiramento, relaxamento e flexionamento.

Atividade: Cada um responde individualmente às perguntas em silêncio, através de um sinal.

Preparação: Calcular um espaço suficiente para que as crianças possam se estirar à vontade em todas as direções, sem tocar o companheiro ao lado. Para um grupo de cerca de trinta crianças, delimitar um espaço com a dimensão aproximada de uma quadra de vôlei (18m x 9m). Se possível, reduzir a iluminação.

Descrição da brincadeira

O educador explica a brincadeira às crianças, imitando os movimentos, se necessário:

- Vamos fazer a brincadeira das perguntas.
- Primeiro vou explicar a brincadeira, enquanto vocês prestam atenção e observam. Depois, juntos, praticamos.
- No início, todos ficam de pé.
- Então vou fazer perguntas e todos respondem fazendo um sinal exagerado, como: para dizer "eu não sei", levantar os ombros, para dizer "sim", esticar-se para o alto.
- Se disser uma frase com a palavra "talvez", como "Amanhã é feriado, talvez eu vá ao cinema", todos ficam em pé, com os braços esticados

ao longo do corpo, as costas retas, a cabeça levantada e os ombros relaxados.
- Finalmente, quando eu bater palmas, a brincadeira terminou.

Hora da brincadeira!

O educador prepara as perguntas para ter as respostas desejadas. Ele guia as crianças passo a passo, lembrando os gestos que devem fazer.

AS PERGUNTAS

Exemplos

- Você gosta de maçãs?
- Você já foi a uma fazenda?
- Gosta de andar de bicicleta?
- Já bebeu leite hoje?

ACORDAR O URSO

Planejamento

Objetivo: Levar a criança a um estado de serenidade através da imobilidade.

Atividade: Cada um se transforma num urso que está hibernando.

Preparação: Calcular um espaço suficiente para que cada criança possa se deitar no chão, sem tocar o companheiro ao lado. Para um grupo de cerca de trinta crianças, delimitar um espaço com a dimensão aproximada de uma cancha de tênis (13m x 6m). Se possível, reduzir a iluminação.

Descrição da brincadeira

O educador explica a brincadeira às crianças, imitando os movimentos, se necessário:

- Vamos fazer a brincadeira de acordar o urso.
- Vocês sabem o que faz um urso durante o inverno? (... ele dorme, hiberna.)
- Para imitar que são ursos dormindo, todos se deitam no chão.
- Eu sou um lobo e estou passeando na floresta. Vou procurar um urso que não esteja se mexendo, para o acordar. Quando o encontrar, toco levemente a ponta do seu pé.
- Nesse momento o urso acorda e se transforma num lobo. Eu fico no seu lugar e me torno um urso que dorme.

- O lobo, por sua vez, vai tocar levemente a ponta do pé de outro urso quietinho. Este se levanta e troca de lugar com o lobo: o urso se transforma em lobo e o lobo se transforma num urso que dorme.
- Depois de alguns minutos, quando eu avisar, todo mundo se transformará em urso e descansará por mais algum tempo.
- Eu direi quando todos podem se levantar.

Hora da brincadeira!

O educador guia as crianças passo a passo:

- Todos se deitam no chão. Verificar se há bastante espaço para deitar sem tocar o companheiro do lado.
- Eu começo sendo o lobo. Vou passear durante mais ou menos dez segundos. (Tocar levemente a ponta do pé de uma criança imóvel.)
- Agora o urso se transforma em lobo, e eu me deito em seu lugar. O novo lobo passeia na floresta durante alguns segundos e toca o pé de outro urso. (Continuar assim durante alguns minutos.)
- Todo mundo se transforma em urso agora! (Deixar as crianças descansar durante alguns segundos.)
- Podem se levantar devagar. A brincadeira terminou.

ACORDAR O URSO

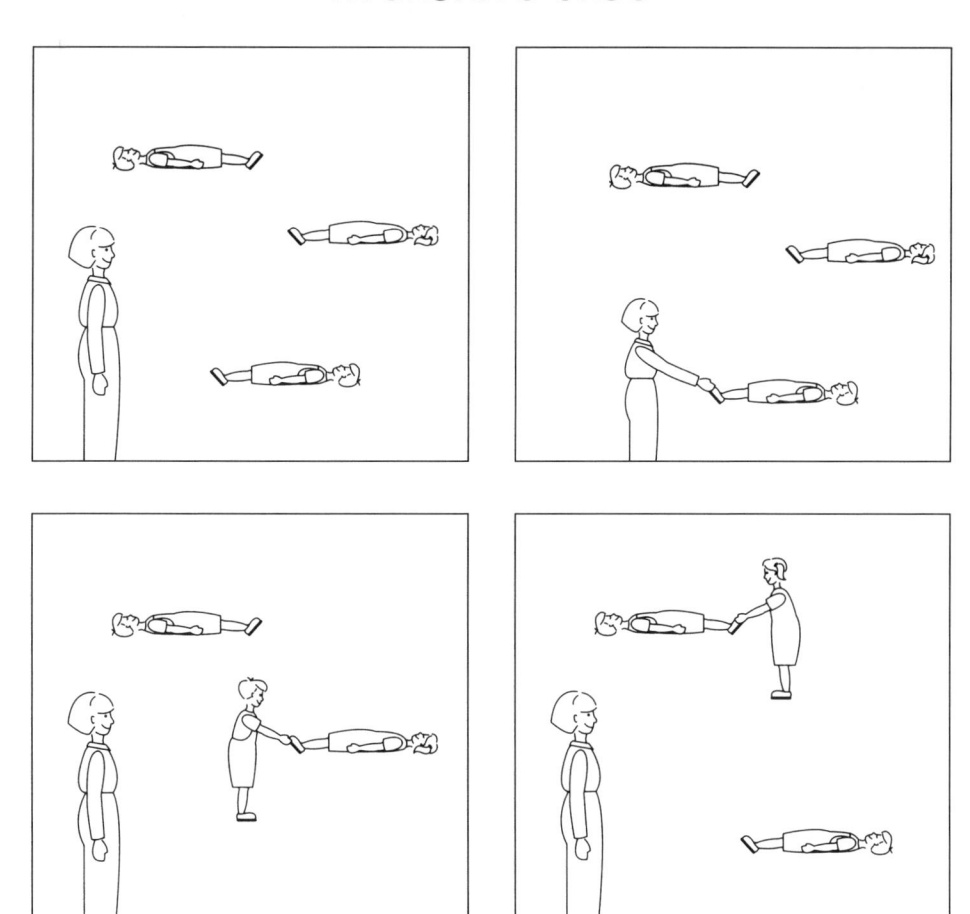

Observação

O educador pode fazer o papel do lobo ou ficar em pé observando a brincadeira e guiando as crianças. Pode haver vários lobos ao mesmo tempo.

O SOL

Planejamento

Objetivo: Levar a criança a um estado de relaxamento através de uma postura.

Atividade: Cada um faz de conta que é um raio de sol.

Preparação: Calcular um espaço suficiente para que todos possam se deitar no chão, sem tocar o companheiro ao lado. Para um grupo de cerca de trinta crianças, delimitar um espaço com a dimensão aproximada de uma cancha de tênis (13m x 6m). Se possível, reduzir a iluminação.

Descrição da brincadeira

O educador explica a brincadeira às crianças, imitando os movimentos, se necessário:

- Vamos fazer a brincadeira do sol!
- Primeiro vou explicar a brincadeira, enquanto vocês prestam atenção e observam. Depois, juntos, praticamos.
- Cada um vai imitar um raio de sol. Podem deitar-se em volta de um círculo (imaginário ou traçado no chão), com os pés voltados para o centro.
- À noite, o sol descansa. Seus raios não se mexem, mas ele tem muita pressa em se levantar no horizonte. Então, surge um primeiro raio de sol no horizonte para ver se o dia já chegou. Ele passeia, olha, mas como ainda é noite, volta ao seu lugar para descansar um pouco mais. Quando se deita, ele toca de leve a ponta do dedo do seu vizinho da esquerda.

- O segundo raio de sol, ao ser tocado, também se levanta e vai ver se o dia já começou. Passeia, olha, mas não, o dia ainda não chegou. Ele se deita ao lado de outro raio imóvel e toca nele.

- Quando eu bater palmas três vezes significa que o dia chegou! O sol pode enfim se levantar! Os raios de sol começam a se espreguiçar e a esticar.

- Depois todos se levantam e vão para a próxima atividade.

Hora da brincadeira!

O educador guia as crianças passo a passo:

- Cada um escolhe um lugar em volta do sol e se deita, imitando ser um raio do próprio sol.

- Como é noite, o sol está dormindo. Seus raios não se movem. O primeiro raio que vai passear para ver se o dia já chegou ainda está completamente imóvel.

- Vou escolher alguém que se levanta e passeia... Ele vê que o dia ainda não chegou e volta a descansar. Depois que se deitar, toca a ponta do dedo do seu vizinho da esquerda.

- O companheiro se levanta e passeia. Olha bem, em silêncio, para ver se o dia já chegou. Não! Ainda não começou. Ele volta a se deitar no seu lugar e toca a ponta do dedo do vizinho da esquerda. (Continuar a brincadeira por alguns minutos. Depois, bater palmas por três vezes.)

- O dia começou. O sol agora pode se levantar!

- Todos se levantam lentamente e se dirigem à próxima atividade.

O SOL

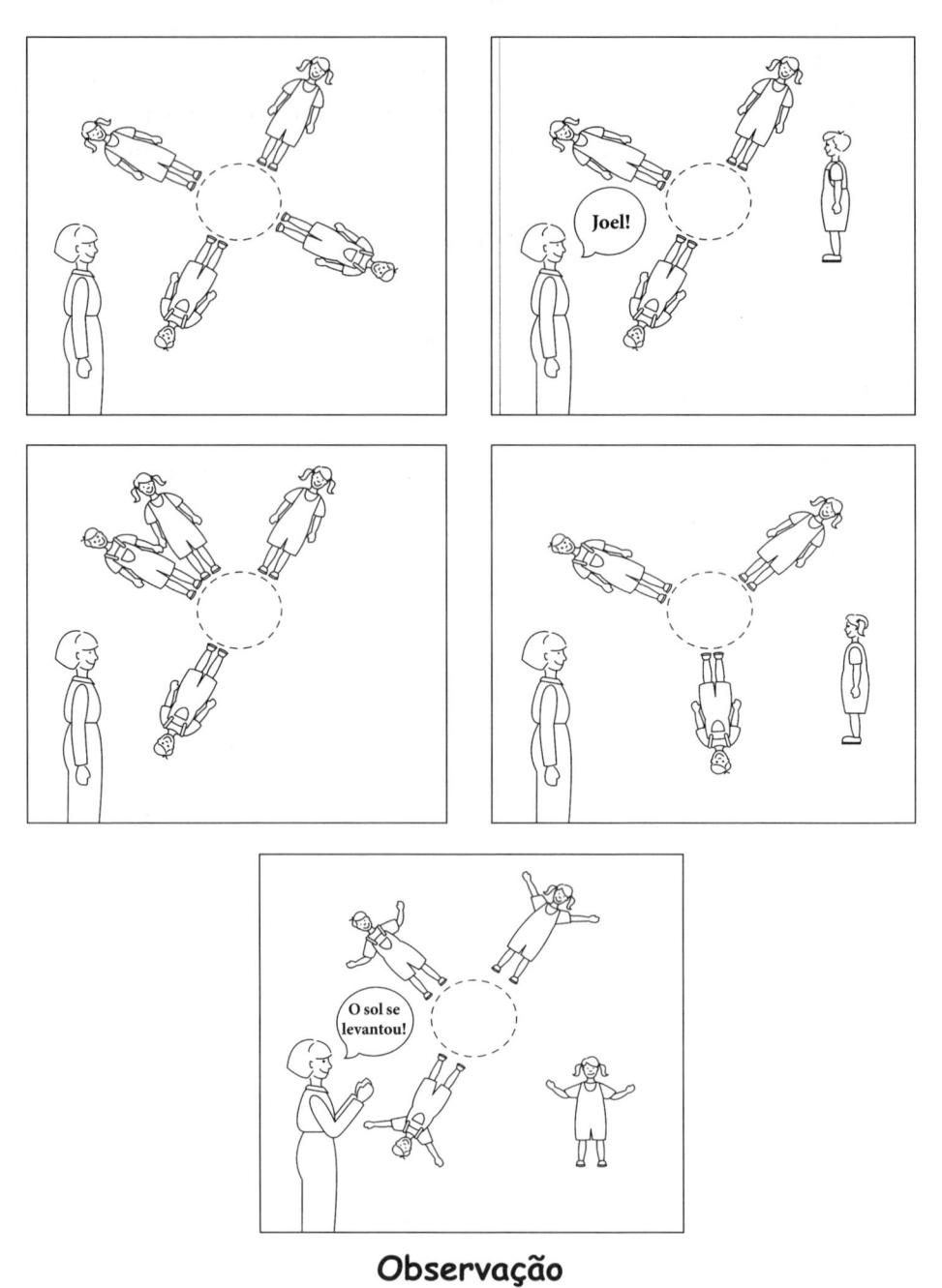

Observação

Se alguma criança ficar passeando por muito tempo, mencionar que tem apenas cinco segundos para escolher um companheiro.

A SOPA QUENTE

Planejamento

Objetivo: Levar a criança a um estado de tranquilidade utilizando a respiração.

Atividade: Cada um faz de conta que está tomando uma sopa quente, mas sem se queimar.

Preparação: Calcular um espaço suficiente para que todos possam se movimentar, sem tocar o companheiro ao lado. Para um grupo de cerca de trinta crianças, delimitar um espaço com a dimensão aproximada de uma cancha de tênis (13m x 6m). Se possível, reduzir a iluminação.

Descrição da brincadeira

O educador explica a brincadeira às crianças, imitando os movimentos, se necessário:

- Vamos fazer a brincadeira da sopa quente.
- Primeiro vou explicar a brincadeira, enquanto vocês prestam atenção e observam. Depois, juntos, praticamos.
- Começamos formando dois grupos em fila sentados lado a lado.
- Todo mundo faz de conta que está segurando um prato de sopa quente.
- Quando eu disser "Atenção! A sopa está quente!", todos sopram de leve para esfriar a sopa. Ao soprar, os ombros descem e a barriga fica achatada ou funda.
- Quando eu disser "Ainda está muito quente!", todos inspiram profundamente e sopram a sopa de leve.

- Quando eu falar "Agora a sopa está boa para tomar!", todos dizem "Hummmm!", levantam os braços e bebem a sopa de uma vez só.
- Depois colocam o prato no chão, expirando. Podem fazer, educadamente, um ruído com a boca e então, cruzar os braços.
- Quando todos estiverem de braços cruzados, vou bater palmas três vezes e todos se levantam.

Hora da brincadeira!

O educador guia as crianças passo a passo:

- Formar dois grupos enfileirados. Sentar com as pernas cruzadas, um ao lado do outro, sem tocar os companheiros ao lado.
- Agora, fazer de conta que estão segurando um prato de sopa quente.
- "Atenção! A sopa está queimando!" Todos inspiram profundamente, enchendo a barriga e levantando os ombros. (Esperar três ou quatro segundos.)
- "Soprar devagar para esfriar a sopa!" Os ombros descem e a barriga fica achatada ou para dentro.
- "Ainda está muito quente!" Inspirar novamente, bem fundo e soprar a sopa de leve.

(Refazer o exercício três ou quatro vezes.)

- "Agora a sopa está no ponto!" Todos murmuram "Hummmmm!" levantando a tigela. Tomar a sopa de uma vez só e fazer uma grande inspiração, enchendo a barriga.
- Depois de tomar a sopa, colocar a tigela na frente. Descer os ombros devagar, expirando e esvaziando a barriga. Podem fazer um barulhinho com a boca, educadamente. Em seguida, cruzar os braços.
- Quando todos estiverem com os braços cruzados, vou bater palmas três vezes e todos podem se levantar.

A SOPA QUENTE

Atenção! A sopa está muito quente!

respirar normalmente

Agora, a sopa está no ponto!

comer

braços cruzados

O TIQUE-TAQUE

Planejamento

Objetivo: Levar as crianças a um estado de tranquilidade através de movimentos oscilatórios.

Atividade: Cada um imita o pêndulo de um relógio de pé.

Preparação: Calcular um espaço suficiente para que todos possam se balançar, sem tocar o companheiro ao lado. Para um grupo de cerca de trinta crianças, delimitar um espaço com a dimensão aproximada de uma cancha de tênis (13m x 6m). Se possível, reduzir a iluminação.

Descrição da brincadeira

O educador explica a brincadeira às crianças, imitando os movimentos, se necessário:

- Vamos fazer a brincadeira do tique-taque do relógio de pé.
- Eu começo explicando a brincadeira, enquanto vocês prestam atenção e observam. Depois, juntos, praticamos.
- O que é um relógio de pé? (... é um relógio que tem um pêndulo dentro de uma caixa de madeira, alta e grande. O pêndulo é uma haste de metal com um disco na parte de baixo. A cada segundo, ele se move da esquerda para a direita e da direita para a esquerda. Pode-se ouvir o barulho que ele faz: tique-taque, tique-taque.)
- Eu vou dizer um número de segundos e cada um vai imitar o pêndulo com seu corpo. Por exemplo, quando eu disser "Dois segundos!", todos movem o corpo da esquerda para a direita e da direita para a esquerda. Tique-taque, tique-taque.

- Quando eu disser "Quatro segundos!", todos fazem quatro tique-taques com o corpo, indo da esquerda para a direita e da direita para a esquerda.
- É bom deixar o corpo bem mole para poderem relaxar durante a brincadeira.
- Num dado momento, vou dizer: "O relógio parou!". Então o pêndulo também pára e todos param de se mexer.
- Quando estiverem bem quietos vou dar corda em um relógio. Com o dedo, desenho um círculo nas costas de alguém, como se estivesse dando corda num relógio de verdade.
- O relógio tem corda de novo e a pessoa pode se dirigir à próxima atividade, depois de dar corda em outro relógio.

Hora da brincadeira!

O educador guia as crianças passo a passo:

- Todos ficam de pé e imitam o pêndulo de um relógio que faz tique-taque.
- "Dois segundos!" O pêndulo vai da esquerda para a direita e da direita para a esquerda. "Um segundo!" Tique-taque. Todos se balançam da esquerda para a direita lentamente. "Quatro segundos!" Todos vão da esquerda para a direita e da direita para a esquerda por quatro vezes. "Cinco segundos!" Tique-taque, tique-taque, tique-taque, tique-taque, tique-taque.

(Dizer ainda alguns números de segundos.)

- "Ah! O relógio parou. O pêndulo também." Todos param de se balançar e descansam.
- "Os pêndulos estão todos parados." Vou dar corda num relógio desenhando um círculo com o dedo nas costas de alguém.
- "Agora este relógio já tem corda." Ele pode se dirigir à próxima atividade depois de dar corda no relógio de um colega.

O TIQUE-TAQUE

A BALA PUXA-PUXA

Planejamento

Objetivo: Levar as crianças a um estado de relaxação, através de movimentos de alongamento, flexão e relaxamento.

Atividade: Cada um se estica como se fosse uma bala puxa-puxa.

Preparação: Prever um ambiente grande o suficiente para as crianças formarem um círculo, deixando espaço para que cada um se alongue como quiser. Se possível, reduzir a iluminação.

Descrição da brincadeira

O educador explica a brincadeira às crianças, imitando os movimentos, se necessário:

- Vamos fazer a brincadeira da bala puxa-puxa.
- Primeiro vou explicar a brincadeira, enquanto vocês prestam atenção e observam. Depois, juntos, praticamos.
- Começamos formando um grande círculo.
- Quando eu disser "Puxa-puxa!", todos se esticam como uma bala puxa-puxa, com os braços para o alto. Podem ficar na ponta dos pés.
- Quando eu disser "Bala!", todos se dobram como uma bala enrolada dentro do papel. Abaixam os pés e os braços e sentam-se com os joelhos dobrados, abraçando as pernas.
- Quando eu disser "Bala puxa-puxa!", todos se transformam em balas dentro do pote, deitam de costas e descansam.

- Finalmente, quando eu achar que está na hora de comer a bala, toco levemente o pé de alguém e ofereço uma bala.
- Ele se levanta devagar e toca de leve o pé de um companheiro, oferecendo uma bala. Este por sua vez também se levanta e toca o pé de outro companheiro.

Hora da brincadeira!

O educador guia as crianças passo a passo:

- Vamos fazer um círculo e deixar espaço suficiente para cada um se alongar sem tocar o companheiro ao lado.
- "Puxa-puxa!" Todos se alongam, esticando o corpo e os braços para o alto. Podem ficar na ponta dos pés.
- "Bala!" Todos se enrolam como uma bala dentro do papel. Descer os pés e os braços. Dobrar os joelhos e sentar-se com os braços ao redor das pernas.

(Dizer "Puxa-puxa!" e "Bala!" por duas ou três vezes.)

- "Bala puxa-puxa!" As balas já estão enroladas no papel dentro do pote. Todos se deitam de costas e descansam.
- Agora vou oferecer a bala a alguém tocando o seu pé levemente.
- Ele se levanta devagar e também oferece uma bala a um companheiro. Depois, pode se sentar.

BALA PUXA-PUXA

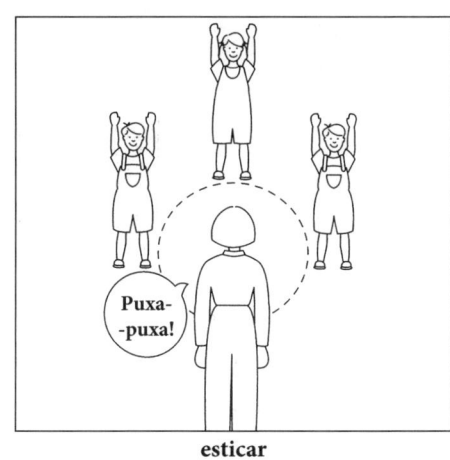

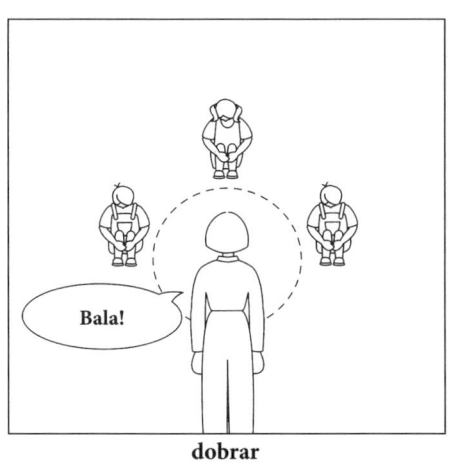

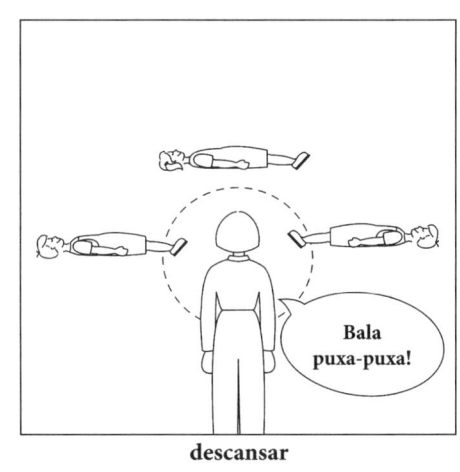

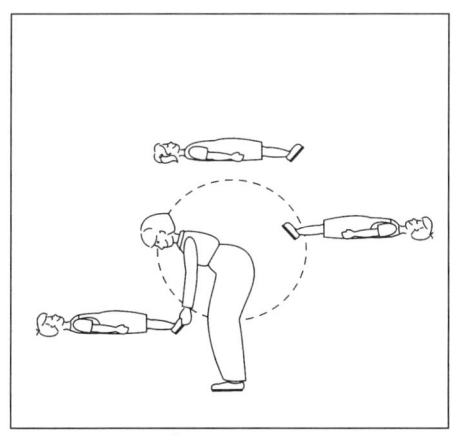

esticar

dobrar

descansar

oferecer = tocar

141

O UNIVERSO

Planejamento

Objetivo: Levar a crianças a soltar os músculos, através de movimentos de alongamento e relaxamento.
Atividade: Cada um se alonga em todas as direções.
Preparação: Prever espaço suficiente para que as crianças possam se inclinar sem se tocar. Se possível, reduzir a iluminação.

Descrição da brincadeira

O educador explica a brincadeira às crianças, imitando os movimentos, se necessário:

- Vamos fazer a brincadeira do universo.
- O que é o universo? (... o universo é tudo: o céu, a terra, o mar, a areia, as estrelas, as nuvens, as flores...)
- Eu começo explicando a brincadeira, enquanto vocês prestam atenção e observam. Depois, juntos, praticamos.
- Primeiro ficamos todos de pé.
- Quando eu disser "Céu!", todos se esticam para o alto como se fossem tocar o céu. E fazem a mesma coisa para cada elemento que estiver acima de nós, como as estrelas, o sol, as nuvens.
- Quando eu disser "Terra!", todos relaxam o corpo e os braços em direção ao solo, tocando o chão. E fazem a mesma coisa quando eu pronunciar o nome dos elementos que ficam embaixo, como a água, as rochas, as flores.

- Quando eu disser "Marte!", todos se alongam para a direita, porque o planeta Marte fica à direita da Terra. E fazem a mesma coisa quando eu pronunciar Júpiter, Saturno, Urano...
- Quando eu disser "Vênus!" ou "Mercúrio!", todos se alongam para a esquerda porque estes planetas ficam à esquerda da Terra.
- Quando eu disser "Ar!", todos ficam em pé, eretos, com os braços ao lado do corpo.

Hora da brincadeira!

O educador guia as crianças passo a passo:

- Todos ficam de pé. Verificar se há espaço suficiente para poder se esticar sem tocar os companheiros ao lado.
- Agora eu vou dizer o nome dos elementos e todos se alongam devagar.

(Alternar o nome dos vários elementos.)

- "Céu!" Todos se esticam para o alto como se fossem tocar o céu.
- "Terra!" Deixar cair o corpo para frente, com os braços para baixo.
- "Estrelas!" Esticar-se para o alto, bem alto, bem alto.
- "Júpiter!" Esticar os braços e o corpo para a direita.
- "Marte!" Esticar os braços e o corpo para a esquerda.
- "Nuvens!" Esticar-se para o alto, bem alto.
- "Flores!" Relaxar o corpo para frente, com os braços para baixo.
- "Ar!" Retos e relaxados.

O UNIVERSO

Observação

As palavras podem ser ditas em diferentes ritmos.

A ONDA

Planejamento

Objetivo: Levar a crianças a um estado de tranquilidade, através de movimentos oscilatórios de balanço.

Atividade: Cada um imagina que está no mar e imita uma onda.

Preparação: Prever espaço suficiente para que todos possam se movimentar, sem tocar os companheiros ao lado. Para um grupo de cerca de trinta crianças, delimitar um espaço com a dimensão aproximada de uma quadra de vôlei (18m x 9m). Se possível, reduzir a iluminação.

Descrição da brincadeira

O educador explica a brincadeira às crianças, imitando os movimentos, se necessário:

- Vamos fazer a brincadeira da onda do mar.
- Eu começo explicando a brincadeira, enquanto vocês prestam atenção e observam. Depois, juntos, praticamos.
- Estamos no mar e cada um de vocês é uma onda. Há muitas ondas aqui. Para imitar uma onda, todos se sentam no chão com as pernas esticadas e rolam da esquerda para a direita e da direita para a esquerda. As pernas e o corpo seguem o movimento, inclinando-se na mesma direção.
- Os braços também fazem parte da onda. Quando se inclinarem para a esquerda levantam o braço direito, que desce quando volta para o meio. Quando rolarem o corpo para a direita, levantam o braço esquerdo para ajudar a fazer o movimento. (Pedir às crianças que façam os movimentos uma ou duas vezes para que compreendam bem.)

- Quando eu disser "As ondas estão grandes!", todos se balançam bem forte.
- Quando eu disser "As ondas estão pequenas!", todos se balançam mais devagar.
- Quando eu disser "As ondas acabaram!", o mar vai ficar calmo, tranquilo. Vocês, que são as ondas do mar, também vão ficar muito tranquilos. Param de se mover e descansam, aquecendo-se ao sol. Podem se deitar para relaxar melhor e ficarem flutuando como uma pequena onda no mar.
- Quando as ondas estiverem bem tranquilas e relaxadas vou chamar um nome e a brincadeira terminou. Todos podem se dirigir para a próxima atividade.

Hora da brincadeira!

O educador guia as crianças passo a passo:

- Cada um escolhe um lugar no mar e se senta com as pernas esticadas. (Verificar se podem esticar os braços para os lados sem tocar os vizinhos. Conceder alguns segundos para que as crianças se instalem.)
- "Agora o mar começa a se mover suavemente, com pequenas ondas." Todos se balançam lentamente da esquerda para a direita e da direita para a esquerda, rolando sobre as nádegas e levantando os braços na altura dos ombros.
- "O vento começa a soprar e as ondas ficam um pouco maiores." Todos se balançam com movimentos um pouco mais enérgicos.
- "De repente, o vento começa a soprar mais forte. As ondas crescem." Todos se movem mais vigorosamente da direita para a esquerda e da esquerda para a direita. Levantar os braços mais alto ainda.
- "Agora começou uma tempestade e as ondas estão muito grandes!" Todos se balançam, fazendo movimentos de grande amplitude. As nádegas rolam completamente no chão. Os braços se levantam acima da cabeça.
- "Finalmente, o vento se acalma e as ondas diminuem. O sol volta a brilhar."
- "As ondas acabaram e o mar ficou calmo." Todos param de se mover e ficam calmos também. Podem se deitar para se aquecer ao sol.

- "Todas as ondas estão quietas e não se movem mais." (Deixar as crianças assim durante alguns segundos.)
- A brincadeira terminou, podem se dirigir à próxima atividade.

A ONDA

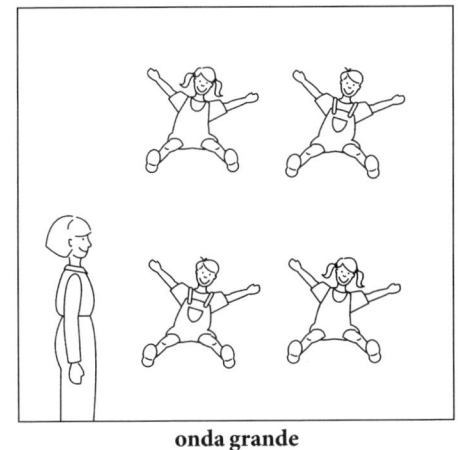

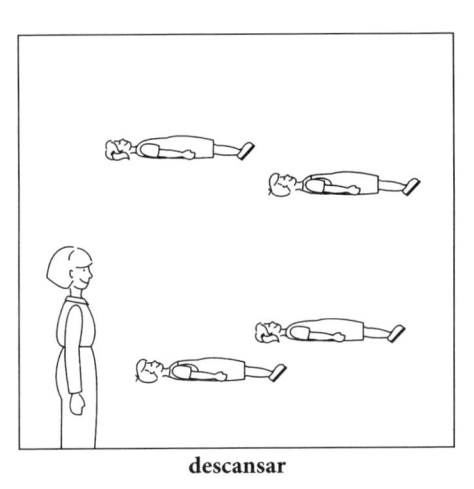

onda grande

onda pequena

descansar

Observação

As crianças podem imitar com a boca o barulho do vento e das ondas.

147

A VELOCIDADE

Planejamento

Objetivo: Levar as crianças a um estado de repouso, através da alternância de movimentos muito rápidos e muito lentos.

Atividade: Cada um move uma parte do corpo com velocidades diferentes.

Preparação: Prever espaço suficiente para que as crianças possam se movimentar em todos os sentidos, sem tocar os companheiros ao lado. Para um grupo de cerca de trinta crianças, delimitar um espaço com a dimensão aproximada de uma cancha de tênis (13m x 6m). Se possível, reduzir a iluminação.

Descrição da brincadeira

O educador explica a brincadeira às crianças, imitando os movimentos, se necessário:

- Vamos fazer a brincadeira da velocidade.
- Primeiro eu explico a brincadeira, enquanto vocês prestam atenção e observam. Depois, juntos, praticamos.
- Vamos brincar com velocidades diferentes (... 100km/h, velocidade baixa, rápida, 2 km/h etc.).
- Eu vou dizer o nome de uma parte do corpo e uma velocidade. Então cada um de vocês move a parte mencionada na velocidade escolhida.
- Vou dar exemplos: a mão esquerda se move rapidamente; os olhos vão lentamente; o pé direito chega a 100 km/h.

- Atenção! Todos devem permanecer em seus lugares durante a brincadeira.

- Quando eu disser que o corpo está a 0 km/h, todos param de se mover por completo e descansam por alguns instantes.

- Eu indicarei quando cada um pode recomeçar a movimentar lentamente os dedos das mãos, dos pés, os braços e as pernas. Depois todos se levantam devagar e se dirigem à próxima atividade.

Hora da brincadeira!

O educador guia as crianças passo a passo:

- Cada um escolhe um lugar (pode ficar sentado, em pé ou deitado no chão).

- "A mão esquerda se mexe a 50 km/h!" Todos mexem a mão com pouca velocidade.

- "Agora toma mais velocidade e chega a 100 km/h!" A mão se move duas vezes mais rápido. (Deixar que as crianças se movimentem durante alguns segundos.) A mão vai se acalmando pouco a pouco até parar completamente.

- "Agora, são as pernas que começam a se mover. No início, em câmara lenta: apenas 1 km/h!"; elas se movem muito devagar.

- Mas rapidamente elas tomam velocidade e ultrapassam os 100 km/h.

(Mencionar ainda três ou quatro partes do corpo a velocidades diferentes.)

- "Finalmente o corpo retorna a 0 km/h!" Todos param e ficam completamente imóveis.

- Descansem alguns instantes, sentindo o relaxamento do corpo.

- Agora, cada um recomeça a movimentar lentamente os dedos das mãos... dos pés... os braços... as pernas...

- "A brincadeira terminou!" Todos se levantam devagar e se dirigem à próxima atividade.

A VELOCIDADE

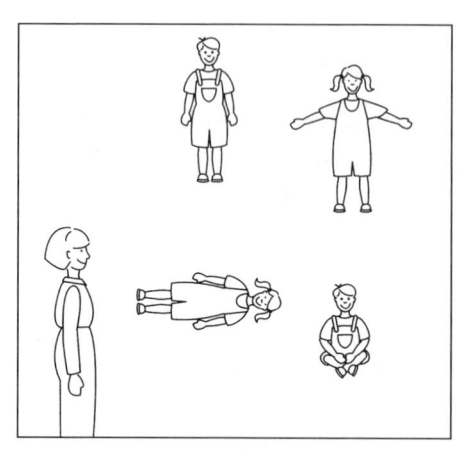

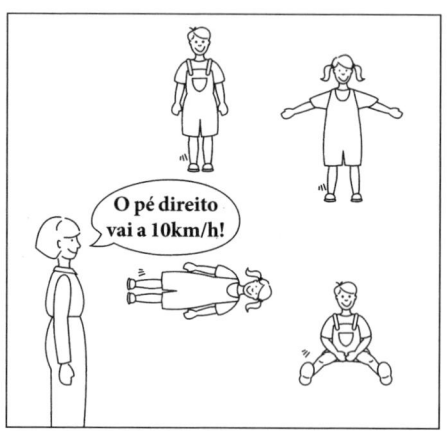

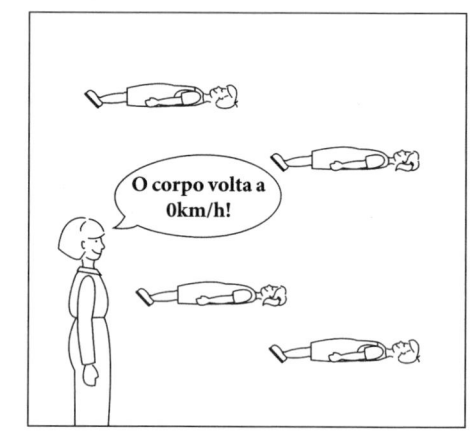

Observação

Outros exemplos de associação: os olhos se movem lentamente; os ombros sobem e descem a 20 km/h (portanto, mais lentamente); os dedos correm, correm; a boca se mexe bem rápido; as bochechas vão em marcha lenta: 2 km/h etc.

O ZOOLÓGICO

Planejamento

Objetivo: Levar a criança a um estado de relaxação, através de movimentos de contração e relaxamento.

Atividade: Cada um faz de conta que abre a jaula dos animais, para que eles passeiem livremente pelo zoológico.

Preparação: Prever espaço suficiente para formar um círculo e que todos possam se movimentar e se deitar, sem tocar o companheiro ao lado. Se possível, traçar um círculo para delimitar o zoológico e reduzir a iluminação.

Descrição da brincadeira

O educador explica a brincadeira às crianças, imitando os movimentos, se necessário:

- Vamos fazer a brincadeira do jardim zoológico.

- Primeiro, formamos um círculo delimitando o zoológico, com as jaulas em volta do círculo. Que animais vemos no zoológico? (... girafas, hipopótamos, macacos, zebras etc.)

- Depois vou dizer o nome dos animais que tiraremos das jaulas para passearem livres pelo jardim zoológico. Mas cuidado! As portas das jaulas ficam no alto (indicar mais ou menos dois metros). Se o animal for pesado, todos têm que fazer muita força para pegá-lo lá em cima e colocá-lo no chão. Depois, deixam cair os braços e o corpo e descansam.

- Os animais pequenos também saem pela porta lá no alto.

- O último animal a ser solto no zoológico é o elefante. Depois de tanto esforço, todos estão muito cansados e se deitam no chão para descansar.

- Quando estiverem bem relaxados vou tocar levemente o pé de alguém para lhe dar um pouco de energia. Ele se levanta devagar, toca também levemente o pé de um companheiro e volta a se sentar.

Hora da brincadeira!

O educador guia as crianças passo a passo:

- Vamos formar um círculo ao redor do zoológico. Verificar se há espaço suficiente para se movimentar sem tocar os companheiros ao lado.

- As jaulas dos animais estão em volta do zoológico, à nossa frente.

- "Macaco!" Vocês tiram o macaco pela porta da jaula lá no alto. (Indicar a altura.)

- Ele é um animal pesado e vocês têm que fazer muita força, segurando-o no alto dos braços e depois levando-o até o chão.

- Agora deixem cair os braços para frente, flexionem o corpo e descansem.

(Mencionar o nome de vários animais e deixar que as crianças tenham tempo para fazer os movimentos sem pressa.)

- "Elefante!" Este é o último animal. Todos fazem muita força para segurá-lo e depois soltá-lo no zoológico.

- Depois de tanta força ficaram sem energia. Todos se deitam no chão e descansam.

- Agora que já relaxaram vou tocar de leve o pé de alguém para lhe dar um pouco de energia. Ele se levanta bem devagar e toca de leve o pé de um companheiro.

- Depois volta a se sentar até que eu dê o sinal do fim da brincadeira.

O ZOOLÓGICO

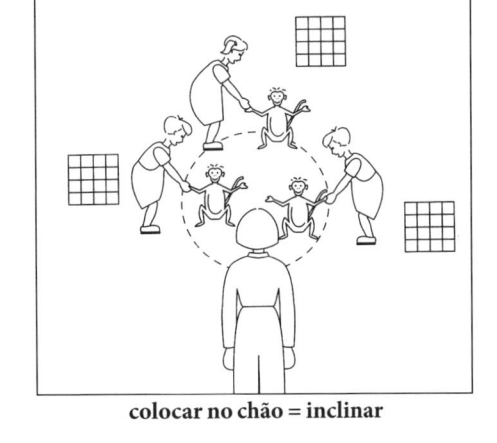

Macaco!

jaula no alto = braços para cima

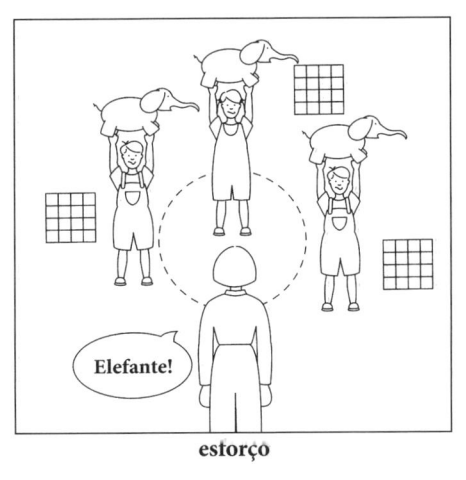

colocar no chão = inclinar

Elefante!

esforço

relaxar

153

APÊNDICE

UMA SESSÃO DE RELAXAMENTO SEGUNDO O MÉTODO DE JACOBSON

Como mencionei anteriormente, a crianças aprendem através de exemplos. A melhor maneira de ensinar as *brincadeiras de relaxamento* é estar relaxado. Para isto, proponho uma das técnicas mais conhecidas: o método de Jacobson, descrito a seguir com uma adaptação pessoal*.

A sessão de relaxamento do método Jacobson consiste na prática de várias séries de contrações seguidas de relaxamento. A sessão aqui descrita tem uma duração aproximada de 20 minutos.

Para aprender a relaxar é preciso dedicar algum tempo e ter perseverança. Sugiro um treinamento regular, como cinco vezes por semana, em dias variados, para quem deseja realmente se beneficiar destas sessões a longo prazo. No entanto, cada sessão de relaxamento proporciona benefícios imediatos.

Após duas ou três semanas já é possível sentir os benefícios nas atividades cotidianas. Pode-se então passar para uma sessão mais breve, reunindo os grupos musculares.

Uma vez familiarizado com este método modificado, pode-se passar para uma sessão ainda mais sucinta (de cerca de cinco minutos), de cinco a sete vezes por semana, durante duas ou três semanas.

Finalmente, será possível relaxar simplesmente fazendo algumas respirações...

Em cada sessão, usar o tempo necessário para se instalar confortavelmente. Escolher um lugar onde não seja perturbado durante o relaxamen-

---

*Para maiores informações sobre o método de Jacobson, consultar os livros: *Les méthodes de relaxation*, *Techniques de relaxation* e *La santé par la relaxation* (ver Bibliografia).

to e, se necessário, desligar a campainha do telefone e pedir às pessoas da família para não entrar no ambiente.

A posição ideal é deitado no chão em decúbito dorsal. Procurar não deitar na cama ou no sofá, pois estas superfícies são muito moles. Pode-se usar uma coberta ou um colchão de exercícios para isolar a friagem do chão e/ou também se cobrir para permanecer aquecido. Com a ajuda de um travesseiro, elevar um pouco as pernas, cerca de 15 a 20 cm, de forma que os joelhos fiquem ligeiramente flexionados, elevar as pernas permite que a parte baixa das costas fique bem relaxada. Colocar os braços ao lado do corpo e, finalmente, soltar cintos e botões para se sentir à vontade.

Antes de começar pode ser útil registrar este texto num gravador e seguir as recomendações passo a passo.

Eis o método

Expirar... fazer uma inspiração profunda... deixar o ar entrar nos pulmões e... expirar... deixar o ar sair... Durante a respiração, expirar pela boca... e inspirar pelo nariz... respirar... regular e calmamente.

Ao realizar esta técnica de relaxamento, levar a atenção para a respiração. Expirar... pela boca... o ar sai do corpo, o abdome fica reto... ou um pouco para dentro. Inspirar... pelo nariz... o ar entra no corpo, o abdome se dilata. Expirar... inspirar... normalmente.

Depois, concentrar a atenção sobre a mão esquerda. Fechar a mão, dedo por dedo... ir apertando gradualmente o punho fechado... mais forte... ainda mais forte... tomar consciência da pressão sobre os músculos da mão esquerda... constatar a rigidez... depois, lentamente... relaxar a tensão... esticar um dedo de cada vez, devagar... sentir relaxar os músculos da mão esquerda. Comparar a mão esquerda com a direita. Observar o peso, a temperatura... talvez um formigamento. Reparar nas diferentes sensações.

Direcionar agora a atenção para a mão direita. Fechar um dedo de cada vez... apertar com força o punho fechado, mais forte... sentir a tensão na mão... manter a força... sentir também a tensão no braço... lentamente... relaxar a mão direita... abrir os dedos, um de cada vez... sentir relaxar os músculos... Observar as sensações da mão direita... o calor ou o frescor... o peso ou a leveza... Durante alguns segundos, observe o relaxamento... nas duas mãos.

Levar agora a atenção para a perna esquerda. Somente a perna esquerda... esticar a ponta do pé... em direção ao solo... colocar força na perna... na coxa... sentir a força no pé... na perna... a força na coxa... manter a força... sentir que é difícil... muito difícil... depois, lentamente...relaxar... soltar o pé... relaxar os músculos da coxa... os músculos da perna... fixar a atenção na sensação de relaxamento do pé... deixar o pé cair para o lado... mole, mole... sentir a perna mole, mole... a coxa completamente relaxada... Comparar a perna esquerda com a perna direita... sentir a diferença... a perna esquerda inteiramente relaxada... comparar a temperatura... o peso...

Focalizar agora a atenção na perna direita. Alongar a ponta do pé em direção ao solo...alongar mais ainda... sentir a força que sobe pela perna direita... aplicar mais força ainda... alongar mais o pé... fazer mais força com a coxa direita... sentir a coxa dura... muito dura... dura, dura, dura... depois relaxar... soltar o pé... soltar os músculos da perna direita... relaxar a coxa... sentir os músculos do pé... livre... livre... sentir a perna solta... observar o relaxamento em toda a coxa... deixar o pé cair para o lado... sentir o relaxamento da perna direita durante alguns segundos... depois, comparar os músculos da perna direita com os da perna esquerda... sentir o relaxamento... prestar atenção à temperatura... ao peso... ao relaxamento.

Expirar... deixar sair o ar... inspirar... deixar o ar entrar no corpo... depois, respirar calmamente, normalmente.

Concentrar agora a atenção nas nádegas... unir as nádegas com força... é normal que os quadris saiam um pouco do chão... continuar a forçar uma nádega contra a outra... sentir toda a tensão nesta região... que está rígida, dura, dura... depois, relaxar... expirar... sentir o relaxamento dos glúteos... sentir igualmente os músculos das costas...

Dirigir a atenção para a altura dos ombros... levantar os ombros em direção às orelhas... enrijecer os músculos dos ombros... mantê-los em tensão... continuar com os ombros altos... tentar aproximá-los das orelhas... sentir a tensão nos músculos dos ombros... forçar... sentir a tensão nos músculos do alto das costas... que estão rígidos, rígidos, duros... depois, relaxar... deixar que os ombros se abaixem... sentir cessar a contração dos músculos... observar a temperatura na altura dos ombros... calor ou frescor... deixar que os ombros encostem no chão... sentir o relaxamento dos músculos...

Respirar normal e calmamente.

Levar a atenção para os músculos abdominais... empurrar a barriga para dentro... comprimir os músculos do abdome... como se estivessem no umbigo... apertar com força... formar um buraco no abdome... e relaxar... sentir relaxar os músculos abdominais... sentir também o relaxamento suave dos músculos da região lombar...

Sentir o corpo solto, mole... levar a atenção aos músculos dos braços que estão relaxados... os músculos dos ombros estão relaxados... os abdominais estão relaxados... os músculos das pernas estão soltos... sem nenhuma contração...

Direcionar a atenção para a cabeça... empurrar ligeiramente a cabeça contra o chão... enrijecer os músculos do pescoço e dos ombros... tudo está rígido... o pescoço... a cabeça... o maxilar... mais rígido... depois, relaxar... deixar que os músculos se soltem... sentir o relaxamento na altura do pescoço... na cabeça... tudo está relaxado...

Continuar a respirar normal e calmamente. Ainda faltam três pequenos grupos de músculos para relaxar: da testa, dos olhos e da parte inferior do rosto: bochechas e maxilar inferior.

Vamos para a testa... deixar os olhos fechados... e levantar as sobrancelhas o mais alto possível... sentir a tensão nos músculos da testa... levantar mais as sobrancelhas... e relaxar... sentir afrouxar os músculos da testa... todas as linhas da testa desaparecem... a testa está relaxada...

Fixar a atenção nos olhos... fechar os olhos com força... um pouco mais de força... e relaxar... sentir o relaxamento dos músculos em volta dos olhos... sentir a sensação de tranquilidade...

Levar a atenção para os músculos da parte inferior do rosto... abrir um sorriso exagerado... como se quisesse que os lábios grudassem nas orelhas... sentir a tensão nas bochechas... sentir a tensão no maxilar inferior... sorrir... relaxar... soltar o maxilar... relaxar os músculos das bochechas... o rosto está completamente descansado... relaxado...

Agora, vamos atingir um nível de relaxamento mais profundo, soltando um pouco mais os músculos de cada região do corpo... simplesmente ao mencioná-los... e levando a atenção às sensações de relaxamento...

Deixar a atenção se dirigir para as orelhas... apreciar o relaxamento das orelhas... continuar a soltá-las... sentir o relaxamento dos pés... das pernas... a descontração das coxas... das nádegas... tudo está solto... apreciar o relaxamento dos músculos abdominais... a descontração dos ombros, das costas... agora, sentir o relaxamento dos braços... até a ponta dos dedos... perceber o relaxamento na região do pescoço... sentir a suavidade dos olhos... a liberação, o relaxamento dos músculos da testa...

O corpo está completamente relaxado... desfrutar durante algum tempo a sensação de relaxamento... respirar normalmente... sentir a sensação de calor ou frescor no corpo... talvez até mesmo um formigamento... deixar o chão sustentar o corpo... relaxar...

Deixar passar as imagens ou ideias que aparecerem na mente... simplesmente deixá-las partir... e voltar a atenção para a respiração...

Então, começar a reanimar o corpo muito lentamente... começar tocando levemente com o polegar cada dedo da mão esquerda... movimentar um pouco todos os dedos e a mão esquerda... dirigir a atenção para a mão direita e fazer a mesma coisa... tocar levemente os dedos com o polegar... mexer lentamente os dedos e a mão direita... movimentar tranquilamente o braço esquerdo... depois o braço direito... agora, concentrar-se nas pernas... movimentar um pouco os dedos do pé esquerdo... depois os do pé direito... agitar gradualmente a perna e a coxa esquerdas... fazer o mesmo com a perna e a coxa direitas... mover os ombros... o pescoço... movimentar todo o corpo progressivamente... alongar... os braços sobre a cabeça... os pés em ponta... abrir suavemente os olhos... finalmente, para levantar... rolar lentamente para o lado... apoiar as mãos e os joelhos... mantendo a cabeça inclinada...

Ao final, levantar a cabeça... bocejar se tiver vontade... relaxar...

BIBLIOGRAFIA

BENET, Farida. *Relaxations guidées pour les enfants*, Suisse, Éditions Recto Verseau, 1991.

BERGE, Yvonne. *Vivre son corps par la pédagogie du mouvement*, Paris, Éditions du Seuil, 1975.

CHERRY, Clare. *Cré le calme en toi. Guide de relaxation à l'école*, Montréal, Éditions du Renouveau pédagogique, 1991.

CREVIER, Robert et Dorothée BÉRUBÉ. *Le plaisir de jouer. Jeux coopératifs de groupe*, Rivière-du-Loup, Institut du plein air québécois, 1987.

DAVROU, Yves. *Comment relaxer vos enfants pour les préparer à leur avenir*, Paris, Éditions Retz, 1985.

DODSON, Fitzhugh. *Tout se joue avant six ans*, Biarritz, Éditions Robert Lafont, 1978.

DURIVAGE, Johanne. *Éducation et psychomotricité*, Chicoutimi (Canada), Gaëtan Morin éditeur, 1987.

GAGNÉ, Géraldine. *Apprendre à mieux respirer. Guide des 5 exercices*, Montréal, Éditions Édimag, 1994.

GEISSMANN, P. et R. DURAND DE BOUSINGEN. *Les méthodes de relaxation*, Bruxelles, Éditions Pierre Mardaga, 1968.

Gouvernement du Québec. *Guide pédagogique préscolaire. Éveil aux langages artistiques à la maternelle*, Québec, Gouvernement du Québec, 1980.

HÉROUX, René, Marie MARCOUX, Marc MORIN et Marthe TÉTRE-AULT. *Éducation phisyque pour les enfants d'âge préscolaire*, Québec, Commission scolaire de Trois-Rivières, 1992.

HERZOG, Marie-Hélène. *Psychomotricité, relaxation et surdité*, Paris, Éditions Masson, 1995.

KAGOTANI, Tsuguo. *Respirez mieux. Les techniques pour débloquer vos angoisses et vous décontracter*, France, Éditions M.A., 1989.

KOHLER, Mariane, *Technique de la relaxation*, Paris, Éditions Presses Pocket, 1977.

Le guide des remédes maison, États-Unis, Publications internationales, 1993.

MCLEAN, Éric. *Guide thématique de jeux et d'activités physiques*, Montréal, Éditions Vézina, env. 1988.

Reuve *Réunion*, automne 1998.

TANNER, Ogden. *Le stress*, États-Unis, Éditions Time-Life International, 1977.

TURGEON, Madeleine. *Découvrons la réflexologie*, Boucherville (Québec), Éditions de Mortagne, 1980.

Université de Sherbrooke. *Un petit mot sans maux. Stress, alimentation, condition physique*, Sherbrooke, Université de Sherbrooke, Service de santé, Bibliothèque nationale du Québec, 1980.

WINTREBERT, Henry. *L'enfart et la relaxation*, France, Éditions L'Esprit du Temps, 1995 (collection "Relaxation, actualité et innovation", sous la direction de Jean Marvaud).

ÍNDICE

Brincar de viver, 5
Agradecimentos, 9
Introdução, 11

Primeira parte. Algumas noções teóricas, 13
    O relaxamento, 13
    Quais são os resultados?, 13
    Quem pode fazer uso destas brincadeiras?, 15
    Qual o tempo de duração das brincadeiras?, 15
    Com que frequência se devem praticar estas brincadeiras?, 15
    Onde usar este método?, 16
    Quando utilizar estas brincadeiras?, 16
    Recomendações para um bom resultado, 17
    Algumas técnicas de relaxamento, 17
    Orientação geral, 18
    Recomendações para trabalhar com crianças agitadas, 22
    Respiração, um elemento essencial, 23
    Uma palavra sobre concentração, 24
    Um último conselho: ria!, 24

Segunda parte. 40 brincadeiras para relaxar, 25
    O avião, 27
    O balão, 31
    A cadeira de balanço, 35
    A vela, 38
    O gato-leão, 41
    Os Palhaços Kiki, 45
    O coração, 48

A coleção de bonecos, 52
As conchas, 55
Os carregadores de mudança, 58
Duro, duro, mole, mole, 61
Estrelas cadentes, 64
As extremidades, 67
A fazenda, 70
A festa, 74
A fonte, 78
A formiga, 81
O bolo de aniversário, 84
O homem forte e a mulher forte, 87
O relógio solar, 90
Brincadeira rápida de dez segundos, 93
O lenço invisível, 95
A música e seus instrumentos, 99
As nuvens, 102
A tempestade, 105
A borboleta, 109
A pesca, 112
Pescando na canoa, 115
O picolé, 118
A primavera, 121
As perguntas, 124
Acordar o urso, 127
O sol, 130
A sopa quente, 133
O tique-taque, 136
A bala puxa-puxa, 139
O universo, 142
A onda, 145
A velocidade, 148
O zoológico, 151

Apêndice
    Uma sessão de relaxamento segundo o método de Jacobson, 155

Bibliografia, 161

Leia também da Editora Ground

BRINCANDO COM O YOGA
Elisabetta Furlan

Neste livro, as técnicas do **Yoga** são apresentadas à criança com graça e humor, mostrando sua relação com posturas de animais. Quando a criança vê o simbolismo ilustrado, as práticas inerentes ao controle e ao desenvolvimento do corpo se tornam bastante divertidas.

Um engraçado pôster colorido com todas as posturas acompanha o livro, visualizando a prática de seis animadas aulas passo a passo.

MEDITAÇÃO PARA CRIANÇAS
Deborah Rozman

Os jogos e experiências aqui apresentados podem ser conduzidos por pessoas com ou sem experiência em meditação. Profundamente transformadores eles levarão a criança a contatar seu silêncio interior – um núcleo íntimo e familiar que a tornará mais segura, tranquila e feliz.

DO-IN PARA CRIANÇAS
Juracy Cançado

Ilustrado com inúmeras fotos e desenhos, esta obra informa minuciosamente sobre os pontos energéticos chineses desde a gestação até a fase escolar. São abordados todos os pontos de autotratamento que as crianças podem praticar assim como o melhor momento para a iniciação.

CONTOS PARA CURAR E CRESCER
Michel Dufour

Michel Dufour desenvolveu as alegorias terapêuticas como um novo método de intervenção em pedagogia e educação. Ele explica com detalhes como funcionam, permitindo ver os problemas sob uma nova perspectiva com que nos deparamos. Esta abordagem que se dirige ao inconsciente emocional antes de chegar ao consciente cura e faz crescer.

HISTÓRIAS DA NATUREZA PARA CRIANÇAS
H. Waddingham Seers

Animais e plantas contam como vivem suas vidas através do olhar amoroso de H. Waddingham Seers. A autora imagina cada situação e empresta sua alma humana para, com riqueza de detalhes, deixar que os próprios animais e plantas transmitam a sua consciência de preservação do meio ambiente e contem suas próprias histórias e experiências.

MANDALAS ECOLÓGICAS PARA CRIANÇAS
Niky Venâncio

Vários estudos já provaram o efeito curativo das imagens circulares na alma.

Especialmente na área infantil, colorir mandalas (formas circulares que representam Deus, o ser humano, a vida e a criação), comprovadamente tranquiliza crianças nervosas, reduz tensões e faz desaparecer medos adormecidos.

125 BRINCADEIRAS PARA ESTIMULAR O CÉREBRO DO SEU BEBÊ
Jackie Silberg

Este livro contém brincadeiras para estimular o desenvolvimento do cérebro do seu bebê desde cedo. É repleto de ideias divertidas direcionadas ao período crítico que vai do nascimento aos 12 meses. Toda brincadeira tem informações sobre a última palavra em pesquisa cerebral e uma discussão sobre a forma como a atividade em pauta promove a capacidade do cérebro do bebê.

125 BRINCADEIRAS PARA ESTIMULAR O CÉREBRO DA CRIANÇA DE 1 A 3 ANOS
Jackie Silberg

Continuação natural de *125 Brincadeiras para Estimular o Cérebro do Seu Bebê*, este livro estimula adequadamente o cérebro da criança de 1 a 3 anos tendo como base uma coletânea divertidíssima de atividades que preparam o futuro do seu filho.

APRENDER BRINCANDO
150 brincadeiras e atividades para crianças de 3 a 6 anos
Penny Warner

Para cada jogo e atividade o livro inclui: idade apropriada, lista de materiais fáceis de encontrar, ilustrações adequadas e sugestões para estimular naturalmente a capacidade cerebral da criança.

CTP • Impressão • Acabamento
Com arquivos fornecidos pelo Editor

EDITORA e GRÁFICA
VIDA & CONSCIÊNCIA

R. Agostinho Gomes, 2312 • Ipiranga • SP
Fone/fax: (11) 3577-3200 / 3577-3201
e-mail: grafica@vidaeconsciencia.com.br
site: www.vidaeconsciencia.com.br